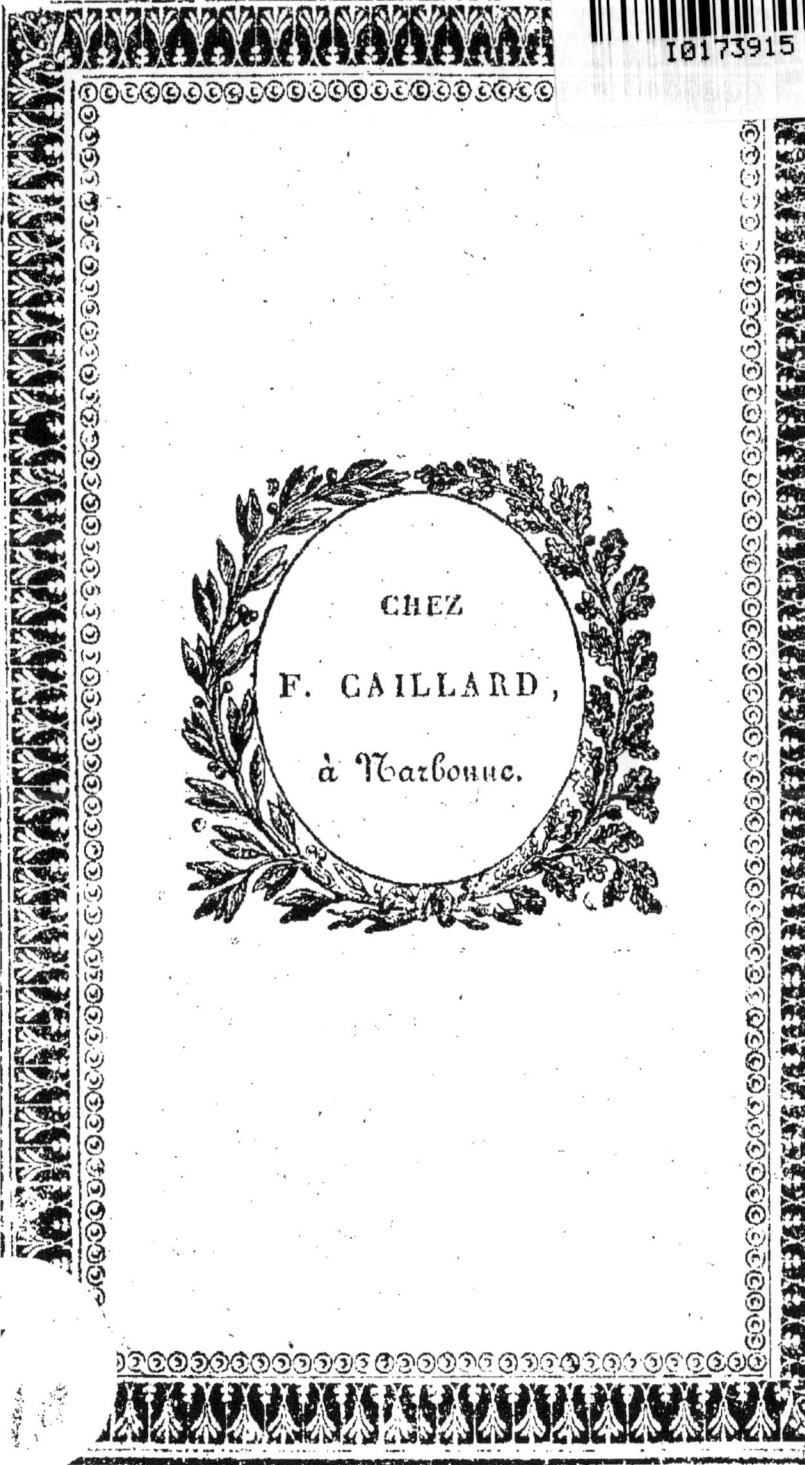

CHEZ

F. GAILLARD,

à Narbonne.

MÉTHODE

INGÉNIEUSE,

OU

ALPHABET

SYLLABIQUE FRANÇAIS,

*POUR apprendre à lire en peu de temps,
et selon l'orthographe la plus reçue.*

A NARBONNE,

Chez François CAILLARD, Imprimeur—Libraire.

~~~~~~~~~~~~~~~~~~~~

1825.

LA VIERGE,
L'ENFANT-JÉSUS ET SAINT JEAN.

LIVRES NOUVELLEMENT IMPRIMÉS

CHEZ LE MÊME LIBRAIRE.

OFFICE DE LA SEMAINE SAINTE, en latin et en français,
suivant le nouveau Missel de Narbonne, en basane,.... 3 fr. 00 c.

HEURES EN FORME DE PAROISSIEN, A L'USAGE DE NARBONNE,
édition considérablement augmentée, en basane,..... 2 fr. 40 c.

AVIS

AUX INSTITUTEURS.

En nous occupant des principes qui pe
vent accélérer l'avancement des jeunes-ge
qu'on veut apprendre à lire, nous croyo
remplir un des devoirs les plus sacrés
la société. Il n'est pas de doute que pl
ces principes sont simples et raisonné,
plus les progrès sont rapides et certai
C'est ce qu'on sera à portée d'éprouver
faisant usage de cette nouvelle Méthod
dans laquelle on trouvera, en tête,
tables que les Instituteurs qui voudr
recueillir dans peu des fruits de le
leçons, doivent s'appliquer sur-tout à b
faire apprendre à leurs Élèves. Lorsqu
auront une fois connu les lettres et l
vraie dénomination, on leur mettra s
les yeux la table composée de mots d'i
syllabe, puis celle de deux, et succes
vement celle de trois, de quatre et de c
syllabes ; c'est en les exerçant ainsi g
duellement, qu'on obtiendra des prog
aussi sûrs que rapides.

Pour faciliter les Élèves, et aider l
conception, nous avons divisé les sylla

de chaque mot par un trait horizontal (-),
et ces mots, nous les avons séparés par
des barres perpendiculaires (‖), qui, en
les renfermant comme dans un cadre, em-
péchent l'écolier de confondre et d'unir un
mot avec un autre, sur-tout lorsqu'il étudie
seul, ainsi qu'on le voit dans la ligne
suivante :

Les ‖ bon-nes ‖ mé-tho-des ‖ a-van-cent.

Une chose essentielle à laquelle les Instituteurs doivent particulièrement faire attention, c'est de ne mettre entre les mains
des commençans, que des livres soigneusement orthographiés. Par ce moyen, ils
leur apprendront insensiblement à lire et
à écrire correctement.

En parcourant notre Méthode, on s'ap-
percevra que l'orthographe et la ponctua-
tion y ont été soignées de manière à pro-
duire cet effet. Nous osons donc nous flatter
que cette nouvelle édition sera reçue avec
autant d'empressement que les précédentes.

ALPHABET MORAL

EN VERS ACROSTICHES.

✝CROIX de mon Rédempteur, signe du vrai chrétien,
Dirigez tous mes pas vers le souverain bien.
AMOUR ; ô quel grand bien quand c'est Dieu que l'on aime ;
Amour ; ô quel grand mal quand on s'aime soi-même !
BEAUTÉ, fière beauté, qui triomphez de tous,
La vieillesse et la mort triompheront de vous.
COEURS glacés pour le ciel, cœurs ardens pour la terre,
L'éclat qui vous séduit n'est qu'un éclat de verre.
DAVID, de grand pécheur, devint grand pénitent ;
Pourquoi, sans différer, n'en fais-je pas autant ?
EVENTAIL, qui ne sers qu'à rafraîchir les belles,
T'auront-elles en main aux flammes éternelles ?
FILLES, retenez bien cette bonne leçon ;
C'est assez de savoir l'église et la maison.
GALANTISER n'est pas un terme bien honnête ;
Il tient peu du chrétien, et trop de la coquette.
HOMMES, que le Seigneur n'a fait que pour les cieux,
Portez vers cet objet votre cœur et vos yeux.
IRIS, que vos appas vous coûteront de larmes,
Un dégré de vertu vaut plus que tous les charmes.
KEPLER, grand astronome, employa ses beaux jours
A suivre, à mesurer les astres dans leurs cours ;
Mais malgré son génie, il ignora la route
Qui conduit au bonheur de la céleste voûte.
LES larmes, de nos yeux coulent avec honneur
Quand la haine du mal les arrache du cœur.
MOURIR bien, vivre mal ne se peuvent pas suivre.
Pour mourir saintement, il faut saintement vivre.

NE faire point de mal et pratiquer le bien,
  Ce sont les deux devoirs d'un cœur vraiment chrétien.
OBLIGER promptement est un mot d'Alexandre :
  Un bienfait est perdu quand on le fait attendre.
POURQUOI s'empresse-t-on pour acquérir du bien ?
  On peut posséder tout en ne désirant rien.
QUELQUE fier que l'on soit du nom de ses ancêtres,
  La mort sait égaler les sujets et les maîtres.
RESTEZ dans votre chambre, et n'allez point au bal :
  Qui fuit l'occasion, évitera le mal.
SOIS de tous les mortels le monarque suprême,
  Que t'en restera-t-il si tu te perds toi-même.
TOUT n'est que vanité dans ce vaste univers :
  Les monarques y sont la pâture des vers.
VAINCRE sa passion est une grande gloire ;
  C'est-là d'un cœur chrétien la plus belle victoire.
XERCÈS cria, dit-on, voyant l'armée aux champs,
  Hélas ! en moins de rien où seront tant de gens ?
YEUX de mon doux Sauveur, vive source de flamme,
  Par un de vos regards convertissez mon ame.
ZACHÉE était petit, mais son humilité,
  Pour attirer JÉSUS, fut une qualité.

De ce saint Alphabet conservons la mémoire :
L'hermite qui l'a fait dans son sacré désert,
L'ayant appris de Dieu, le consacre à sa gloire ;
Trop heureux s'il lui plaît, plus heureux s'il le sert.

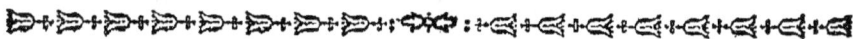

Hommage à la Divinité.

Esprits forts, aveuglés par l'orgueilleux système
Qui dit : Qu'est-ce que Dieu ? L'humble Foi vous répond :
Loin de rien dire ici de cet Être suprême,
Gardons, en l'adorant, un silence profond :
Ce mystère est immense et l'esprit s'y confond,
Pour dire ce qu'il est il faut être lui-même.

TABLE

DES LETTRES DE L'ALPHABET,

ET DE LEUR PRONONCIATION.

MINUSCULES		MAJUSCULES		PRONONCIATION.
Romaines.	Italiques.	Romaines.	Italiques.	
a	*a*	A	*A*	
b	*b*	B	*B*	*be*
c	*c*	C	*C*	*ce que*
d	*d*	D	*D*	*de*
e	*e*	E	*E*	
f	*f*	F	*F*	*fe*
g	*g*	G	*G*	*ge gue*
h	*h*	H	*H*	*he*
i	*i*	I	*I*	
j	*j*	J	*J*	*je*
k	*k*	K	*K*	*ke*
l	*l*	L	*L*	*le*
m	*m*	M	*M*	*me*
n	*n*	N	*N*	*ne*
o	*o*	O	*O*	
p	*p*	P	*P*	*pe*
q	*q*	Q	*Q*	*que*
r	*r*	R	*R*	*re*
s	*s*	S	*S*	*se ze*
t	*t*	T	*T*	*te si*
u	*u*	U	*U*	
v	*v*	V	*V*	*ve*
x	*x*	X	*X*	*kze gz ez*
y	*y*	Y	*Y*	*i ye*
z	*z*	Z	*Z*	*ze*

Minuscules romaines.

† a b c d e f g
h i j k l m n o
p q r ſ s t u v x
y z &.

Majuscules romaines.

A B C D E F G
H I J K L M N O
P Q R S T U V
X Y Z.

LE SIGNE  DE LA CROIX.

A a b c d e f g h i j k l m n
o p q r ſ s t u v x y z.

Capitales romaines.

A B C D E F G H I J K L M N O
P Q R S T U V X Y Z Æ Œ.

Minuscules italiques.

A a b c d e f g h i j k l m n
o p q r ſ s t u v x y z.

Capitales italiques.

A B C D E F G H I J K L M N O
P Q R S T U V X Y Z Æ Œ.

Lettres courantes de main.

a b c d e f g h i j k l m n o

p q r s t u v x y z.

Lettres majuscules de main.

A B C D E F G H I J

K L M N O P Q R S

T U V X Y Z.

Voyelles.

a, e, i, o, u *et* y.

Idem *circonflexes*..â ê î ô û.
Idem *aiguës*.........á é í ó ú.
Idem *graves*..........à è ì ò ù.
Idem *tréma*.......... ë ï   ü.
Ponctuations......... . , ; : ' ? !

Consonnes.

b c d f g h k l m n p q
r ſ s t v x z.

Diphtongues.

æ, œ, ai, au, ei, eu, ay.

Lettres doubles.

ff, ff, ſi, fi, fl, fl, ffi, ffi, ffl.

Abréviations.

ã	am	an.
ẽ	em	en.
ī	im	in.
ō	om	on.
ū	um	un.
	9us.	

Lettres à double et triple valeur.

c, g, s, t, x, y.

Exemples :

c,	g,	s,
race, cave.	ange, grand.	anse, ruse.

t,	x,
gestion, oblation.	taxe, exemple, sixain.

y.

moyen, mystère.

Diphtongues et principaux Sons de la langue française.

e, ent. é, aí. è, aì. ê, aî. aient.
ei, ai. ea. am, em. an, en.
au, eau. eu, œu.
im, aim. in, ain, ein.
oe, oi, oin. om, on, eon. ou.
um, un. ui, uin.
ch. gn. ill. ph. ct. st.

Exemples :

e,	ent.	é,	aí
lune,	aiment.	bonté,	chantaí.

è,	aì.	ê,	aî.
accès,	maison.	tempéte,	maître.

aient.	ei,	ai.
liraient.	peine,	faible.

ea.	am,	em.	an,
songea.	ample,	empire.	année.

en. | au, eau. | eu, œu.
enfant. | auteur, beau. | lieu, œuvre.

im, aim. | in, ain, ein.
impie, faim. | lin, pain, sein.

oe, oi, oin. | om, on.
moelle, loi, soin. | ombre, onde.

eon, ou. | um, un.
pigeon, courroux. | humble, commun.

ui, uin.
suite, juin.

ch. gn. ill. ph. ct. st.
cheval. vigne. paille. phrase. acte. stoïcien.

Sons mouillés.

ail, aille, eil, eille,
m-ail. m-aille. rev-eil. rev-eille.

euil, euille, ueil, œil,
écur-euil. v-euille. éc-ueil. œil.

œillet, ille, ouil, ouille,
œillet. f-ille. fen-ouil. f-ouille.

Nota. On mouille ordinairement les mots où l'*i* précède un *l* seul à la fin d'un mot ou deux *ll* au milieu.

SYLLABES.

ba be bé bè bê bi bo bu.

ca ce cé cè cê ci co cu.

da de dé dè dê di do du.

fa fe fé fè fê fi fo fu.

ga ge gé gè gê gi go gu.

ha he hé hè hê hi ho hu.

ja je jé jè jê ji jo ju.

la le lé lè lê li lo lu.

ma me mé mè mê mi mọ mu.

na ne né nè nê ni no nu.

pa pe pé pè pê pi pọ pu.

qua que qué què quê qui quo quu.

ra re ré rè rê ri ro ru.

sa se sé sè sê si so su.

ta te té tè tê ti to tu.

va ve vé vè vê vi vo vu.

xa xe xé xè xê xi xo xu.

za ze zé zè zê zi zo zu.

AUTRES SYLLABES.

ab	ad	af	al	am	an	at	au.
bac	bal	bam	ban	bar	bas	bat	bau.
cab	cal	cam	can	car	cas	cat	cau.
dac	dal	dam	dan	dar	das	dat	dau.
eb	el	em	en	er	es	et	eu.
fac	fal	fam	fan	far	fas	fat	fau.
gac	gel	gam	gen	ger	ges	get	gau.
hac	hal	hem	hen	her	hes	het	hau.
jac	jal	jam	jen	jer	jes	jet	jau.
kac	kal	kam	kan	kar	kas	kat	kau.
lac	lal	lam	lan	ler	les	lat	lau.
mac	mal	mam	man	mar	mas	mat	mau
nac	nal	nam	nan	ner	nes	nat	nau.
oc	ol	om	on	or	os	ot	ou.
pac	pal	pam	pan	par	pas	pat	pau.
quac	qual	quam	quan	quor	quos	quat	quau
rac	ral	ram	ren	ror	ras	rat	rau.
sac	sed	sam	sen	sor	sas	sat	sau.
tac	taf	tam	ten	tor	tas	tat	tau.
vac	vec	vic	voc	vom	ven	vaf	vou.
xac	xec	xic	xoc	xom	xen	xaf	xou.
zac	zec	zic	zoc	zom	zen	zaf	zou.

PREMIÈRE TABLE

De mots d'une syllabe, ou monosyllabes, qu'il faut faire lire par sons séparés, et ensuite tout d'un mot.

A–n , an.

a–il, ail.

a–rc , arc.

a–rt , art.

b–ail, bail.

b–ain , bain.

b–eau , beau.

b–ien , bien.

b–ois , bois.

c–ar , car.

c–ap , cap.

c–eint , ceint.

c–ours , cours.

c–œur , cœur.

c–oin , coin.

d–aim , daim.

d–euil , deuil.

D–ieu , Dieu.

d–oigts , doigts.

d–ur , dur.

f–aux , faux.

f–aim , faim.

f–ait , fait.

f–oin , foin.

g–ai , gai.

g–ain , gain.

g–uet , guet.

g–oût , goût.

h–aut , haut.

h–oux , houx.

h–uit , huit.

J–ean , Jean.

j–eu , jeu.

j–our , jour.

j–oug , joug.

l–aid , laid.

SECONDE TABLE

De mots de deux syllabes.

Ai-mer.	en-fler.
ai-mant.	en-flant.
ai-ment.	en-flent.
ai-mait.	en-flait.
ai-maient.	en-flaient.
boi-re.	fi-ler.
bu-vant.	fi-lant.
boi-vent.	fi-lent.
bu-vait.	fi-lait.
bu-vaient.	fi-laient.
chan-ter.	ga-gner.
chan-tant.	ga-gnant.
chan-tent.	ga-gnent.
chan-tait.	ga-gnait.
chan-taient.	ga-gnaient.
don-ner.	han-ter.
don-nant.	han-tant.
don-nent.	han-tent.
don-nait.	han-tait.
don-naient.	han-taient.

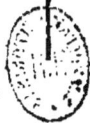

2

TROISIÈME TABLE

De mots de trois syllabes.

A-bat-tre.	ef-fa-cer.
a-bat-tant.	ef-fa-çant.
a-bat-tent.	ef-fa-cent.
a-bat-tait.	ef-fa-çait.
a-bat-taient.	ef-fa-çaient.
ba-lan-cer.	fa-bri-quer.
ba-lan-çant.	fa-bri-quant.
ba-lan-cent.	fa-bri-quent.
ba-lan-çait.	fa-bri-quait.
ba-lan-çaient.	fa-bri-quaient.
châ-ti-er,	gou-ver-ner.
châ-ti-ant.	gou-ver-nant.
châ-ti-ent.	gou-ver-nent.
châ-ti-ait.	gou-ver-nait.
châ-ti-aient.	gou-ver-naient.
dé-li-vrer.	ha-bi-ter.
dé-li-vrant.	ha-bi-tant.
dé-li-vrent.	ha-bi-tent.
dé-li-vrait.	ha-bi-tait.
dé-li-vraient.	ha-bi-taient.

QUATRIÈME TABLE

De mots de quatre syllabes.

Ac-cou-tu-mer.	é-cha-fau-der.
ac-cou-tu-mant.	é-cha-fau-dant.
ac-cou-tu-ment.	é-cha-fau-dent.
ac-cou-tu-mait.	é-cha-fau-dait.
ac-cou-tu-maient.	é-cha-fau-daient.
bal-bu-ti-er.	fa-ci-li-ter.
bal-bu-ti-ant.	fa-ci-li-tant.
bal-bu-ti-ent.	fa-ci-li-tent.
bal-bu-ti-ait.	fa-ci-li-tait.
bal-bu-ti-aient.	fa-ci-li-taient.
ca-ra-co-ler.	gar-ga-ri-ser.
ca-ra-co-lant.	gar-ga-ri-sant.
ca-ra-co-lent.	gar-ga-ri-sent.
ca-ra-co-lait.	gar-ga-ri-sait.
ca-ra-co-laient.	gar-ga-ri-saient.
dé-mé-na-ger.	ha-bi-tu-er.
dé-mé-na-geant.	ha-bi-tu-ant.
dé-mé-na-gent.	ha-bi-tu-ent.
dé-mé-na-geait.	ha-bi-tu-ait.
dé-mé-na-geaient.	ha-bi-tu-aient.

CINQUIÈME TABLE

De mots de cinq syllabes.

Af-fec-ti-on-ner. en-ré-gi-men-ter.
af-fec-ti-on-nant. en-ré-gi-men-tant.
af-fec-ti-on-nent. en-ré-gi-men-tent.
af-fec-ti-on-nait. en-ré-gi-men-tait.
af-fec-ti-on-naient. en-ré-gi-men-taient
bé-né-fi-ci-er. im-mor-ta-li-ser.
bé-né-fi-ci-ant. im-mor-ta-li-sant.
bé-né-fi-ci-ent. im-mor-ta-li-sent.
bé-né-fi-ci-ait. im-mor-ta-li-sait.
bé-né-fi-ci-aient. im-mor-ta-li-saient.
ca-pa-ra-çon-ner. oc-ca-si-on-ner.
ca-pa-ra-çon-nant. oc-ca-si-on-nant.
ca-pa-ra-çon-nent. oc-ca-si-on-nent.
ca-pa-ra-çon-nait. oc-ca-si-on-nait.
ca-pa-ra-çon-naient oc-ca-si-on-naient.
di-ver-si-fi-er. pré-dé-ter-mi-ner.
di-ver-si-fi-ant. pré-dé-ter-mi-nant.
di-ver-si-fi-ent. pré-dé-ter-mi-nent.
di-ver-si-fi-ait. pré-dé-ter-mi-nait.
di-ver-si-fi-aient. pré-dé-ter-mi-naient

L'O-RAI-SON

DO-MI-NI-CA-LE.

No-tre ‖ Pè-re ‖ qui ‖ ê-tes ‖ aux cieux ‖ que ‖ vo-tre ‖ nom ‖ soit ‖ sanc-ti-fi-é ‖ que ‖ vo-tre ‖ rè-gne ‖ ar-ri-ve que ‖ vo-tre ‖ vo-lon-té ‖ soit ‖ fai-te en ‖ la ‖ ter-re ‖ com-me ‖ au ‖ ciel don-nez ‖ nous ‖ au-jour-d'hui ‖ no-tre ‖ pain ‖ quo-ti-di-en ‖ par-don-nez ‖ nous ‖ nos ‖ of-fen-ses ‖ com-me nous ‖ les ‖ par-don-nons ‖ à ‖ ceux qui ‖ nous ‖ ont ‖ of-fen-sés ‖ et ‖ ne nous ‖ lai-sez ‖ point ‖ suc-com-ber à ‖ la ‖ ten-ta-ti-on ‖ mais ‖ dé-li-vrez nous ‖ du ‖ mal. ‖ Ain-si ‖ soit ‖ il.

La ‖ Sa-lu-ta-ti-on ‖ An-gé-li-que.

Je ‖ vous ‖ sa-lu-e ‖ Ma-ri-e ‖ plei-ne
de ‖ grâ-ce ‖ le ‖ Sei-gneur ‖ est ‖ a-vec
vous ‖ vous ‖ ê-tes ‖ bé-ni-e ‖ en-tre
tou-tes ‖ les ‖ fem-mes ‖ et ‖ Jé-sus ‖ le
fruit ‖ de ‖ vo-tre ‖ ven-tre ‖ est ‖ bé-ni.
Sain-te ‖ Ma-ri-e ‖ mè-re ‖ de ‖ Dieu
pri-ez ‖ pour ‖ nous ‖ pau-vres ‖ pécheurs ‖ main-te-nant ‖ et ‖ à ‖ l'heu-re
de ‖ no-tre ‖ mort. ‖ Ain-si ‖ soit ‖ il.

Le ‖ Sym-bo-le ‖ des ‖ A-pó-tres.

Je ‖ crois ‖ en ‖ Dieu ‖ le ‖ Pè-re
Tout ‖ Puis-sant ‖ cré-a-teur ‖ du ‖ ciel
et ‖ de ‖ la ‖ ter-re ‖ et ‖ en ‖ Jé-sus
Christ ‖ son ‖ fils ‖ u-ni-que ‖ No-tre
Sei-gneur ‖ qui ‖ a ‖ é-té ‖ con-çu ‖ du
Saint ‖ Es-prit ‖ est ‖ né ‖ de ‖ la ‖ Vierge ‖ Ma-ri-e ‖ a ‖ souf-fert ‖ sous ‖ Pon-ce
Pi-la-te ‖ a ‖ é-té ‖ cru-ci-fi-é ‖ est ‖ mort
a ‖ é-té ‖ en-se-ve-li ‖ est ‖ des-cen-du
aux ‖ en-fers ‖ le ‖ troi-si-è-me ‖ jour
est ‖ res-sus-ci-té ‖ des ‖ morts ‖ est
mon-té ‖ aux ‖ cieux ‖ est ‖ as-sis ‖ à

la ‖ droi-te ‖ de ‖ Dieu ‖ le ‖ Pè-re ‖ Tout Puis-sant ‖ d'où ‖ il ‖ vien-dra ‖ ju-ger les ‖ vi-vans ‖ et ‖ les ‖ morts.

Je ‖ crois ‖ au ‖ Saint ‖ Es-prit ‖ à la ‖ Sain-te ‖ É-gli-se ‖ Ca-tho-li-que la ‖ Com-mu-ni-on ‖ des ‖ Saints ‖ la ré-mis-si-on ‖ des ‖ pé-chés ‖ la ‖ ré-sur-rec-ti-on ‖ de ‖ la ‖ chair ‖ la ‖ vi-e é-ter-nel-le. ‖ Ain-si ‖ soit ‖ il.

La ‖ Con-fes-si-on ‖ des ‖ pé-chés.

Je ‖ me ‖ con-fes-se ‖ à ‖ Dieu ‖ Tout Puis-sant ‖ et ‖ à ‖ la ‖ bien-heu-reu-se Ma-ri-e ‖ tou-jours ‖ Vier-ge ‖ à ‖ Saint Mi-chel ‖ Ar-chan-ge ‖ à ‖ Saint ‖ Jean Bap-tis-te ‖ aux ‖ A-pô-tres ‖ Saint Pier-re ‖ et ‖ Saint ‖ Paul ‖ à ‖ tous les ‖ Saints ‖ et ‖ à ‖ vous ‖ mon ‖ Pè-re par-ce ‖ que ‖ j'ai ‖ pé-ché ‖ par ‖ pen-sé-es ‖ par ‖ pa-ro-les ‖ et ‖ par ‖ ac-ti-ons ‖ c'est ‖ par ‖ ma ‖ fau-te ‖ je m'en ‖ sens ‖ cou-pa-ble ‖ je ‖ m'en re-con-nais ‖ très ‖ cou-pa-ble. ‖ C'est pour-quoi ‖ je ‖ sup-pli-e ‖ la ‖ bien-

heu-reu-se ‖ Ma-ri-e ‖ tou-jours
Vier-ge ‖ Saint ‖ Mi-chel ‖ Ar-chan-
ge ‖ Saint ‖ Jean ‖ Bap-tis-te ‖ les
A-pô-tres ‖ Saint ‖ Pier-re ‖ et ‖ Saint
Paul ‖ tous ‖ les ‖ Saints ‖ et ‖ vous
mon ‖ Pè-re ‖ de ‖ pri-er ‖ pour ‖ moi
no-tre ‖ Sei-gneur ‖ no-tre ‖ Dieu.
Ain-si ‖ soit ‖ il.

Que ‖ le ‖ Dieu ‖ Tout ‖ Puis-sant
nous ‖ fas-se ‖ mi-sé-ri-cor-de ‖ qu'il
nous ‖ par-don-ne ‖ nos ‖ pé-chés
et ‖ nous ‖ con-dui-se ‖ à ‖ la ‖ vi-e
é-ter-nel-le. ‖ Ain-si ‖ soit ‖ il.

Que ‖ le ‖ Sei-gneur ‖ Tout ‖ Puis-
sant ‖ et ‖ mi-sé-ri-cor-di-eux ‖ nous
don-ne ‖ in-dul-gen-ce ‖ ab-so-lu-
ti-on ‖ et ‖ ré-mis-si-on ‖ de ‖ tous
nos ‖ pé-chés. ‖ Ain-si ‖ soit ‖ il.

Com-man-de-mens ‖ de ‖ Dieu.

1. Un ‖ seul ‖ Dieu ‖ tu ‖ a-do-re-ras
Et ‖ ai-me-ras ‖ par-fai-te-ment.
2. Dieu ‖ en ‖ vain ‖ tu ‖ ne ‖ ju-re-ras
Ni ‖ au-tre ‖ cho-se ‖ pa-reil-le-ment.

3. Les ‖ Di—man—ches ‖ tu ‖ gar—de—ras
  En ‖ ser—vant ‖ Dieu ‖ dé—vo—te—ment.

4. Pè—re ‖ et ‖ mè—re ‖ ho—no—re—ras
  Pour ‖ que‖tu‖vi—ves‖lon—gue—ment.

5. Ho—mi—ci—de ‖ point ‖ ne ‖ se—ras.
  De ‖ fait ‖ ni ‖ vo—lon—tai—re—ment.

6. Lu—xu—ri—eux ‖ point ‖ ne ‖ se—ras
  De‖ corps ‖ni ‖ de ‖con—sen—te—ment.

7. Le‖bien‖d'au—trui‖tu‖ne‖pren—dras
  Ni ‖ re—tien—dras ‖ à ‖ ton ‖ es—cient.

8. Faux ‖ té—moi—gna—ge ‖ ne ‖ di—ras
  Ni ‖ men—ti—ras ‖ au—cu—ne—ment.

9. L'œu—vre‖de‖la‖chair‖ne‖dé—si—re—ras
  Qu'en ‖ ma—ri—a—ge ‖ seu—le—ment.

10. Biens ‖ d'au—trui ‖ne‖con—voi—te—ras
  Pour ‖ les ‖ a—voir ‖ in—jus—te—ment.

Com-man-de-mens ‖ de ‖ l'É-gli-se.

1. Les ‖ Di—man—ches ‖ mes—se ‖ ou—ï—ras
  Et ‖ Fê—tes ‖ de ‖ com—man—de—ment.

2. Tous ‖ tes ‖ pé—chés ‖ con—fes—se—ras
  A ‖ tout ‖ le‖ moins ‖ u—ne‖ fois ‖ l'an.

3. Ton ‖ Cré—a—teur ‖ tu ‖ re—ce—vras
  Au‖moins‖à‖Pâ—ques‖hum—ble—ment.

4. Les ‖ Fê–tes ‖ tu ‖ sanc–ti–fi–e–ras
   Qui ‖ te‖sont‖de‖com–man–de–ment.

5. Qua–tre ‖ temps‖vi–gi–les‖jeû–ne–ras
   Et ‖ le ‖ ca–rê–me ‖ en–ti–è–re–ment.

6. Ven–dre–di ‖ chair ‖ ne ‖ man–ge–ras
   Ni ‖ le ‖ sa–me–di ‖ mê–me–ment.

7. Hors ‖le ‖ temps ‖ no–ces ‖ ne‖fe–ras.

Bé–né–dic–ti–on‖ a–vant ‖ le ‖ re–pas.

Sei–gneur ‖ bé–nis–sez ‖ nous ‖ a–vec
la ‖ nour–ri–tu–re ‖ que ‖ nous ‖ al–lons
pren–dre. ‖ Au ‖ nom ‖ du ‖ Pè–re ‖ e
du ‖ Fils ‖ et ‖ du ‖ Saint ‖ Es–prit.
Ain–si ‖ soit ‖ il.

Ac–ti–on‖de‖grâ–ces‖a–près‖le‖re–pas.

Nous ‖ vous ‖ ren–dons ‖ grâ–ces ‖ d
tous ‖ vos ‖ bien–faits ‖ ô ‖ Roi ‖ Dieu
tout ‖ puis–sant ‖ qui ‖ vi–vez ‖ e
ré–gnez ‖ dans ‖ tous ‖ les ‖ si–è–cle
des ‖ si–è–cles. ‖ Ain–si ‖ soit ‖ il.

LES

SEPT ‖ PSAU-MES

DE ‖ LA ‖ PÉ-NI-TEN-CE.

Ant. ‖Ne‖ vous ‖res-sou-ve-nez‖ point.

Psau-me ‖ 6.

Sei-gneur ‖ ne ‖ me ‖ re-pre-nez pas ‖ dans ‖ vo-tre ‖ fu-reur ‖ et ‖ ne me ‖ cor-ri-gez ‖ pas ‖ dans ‖ le ‖ fort de ‖ vo-tre ‖ co-lè-re.

A-yez ‖ pi-ti-é ‖ de ‖ moi ‖ Sei-gneur par-ce ‖ que ‖ je ‖ suis ‖ fai-ble ‖ Sei-gneur ‖ gué-ris-sez ‖ moi ‖ car ‖ mes os ‖ sont ‖ tous ‖ é-bran-lés.

Mon ‖ a-me ‖ en ‖ est ‖ a-bat-tu-e de ‖ tris-tes-se ‖ mais ‖ vous ‖ Sei-gneur ‖ jus-ques ‖ à ‖ quand ‖ dif-fé-re-rez ‖ vous ‖ ma ‖ gué-ri-son.

Tour-nez ‖ vos ‖ yeux ‖ sur ‖ moi
Sei-gneur ‖ et ‖ sau-vez ‖ mon ‖ a-me
de ‖ tous ‖ dan-gers ‖ dé-li-vrez ‖ moi
par ‖ vo-tre ‖ mi-sé-ri-cor-de.

Car ‖ qui ‖ se ‖ sou-vien-dra ‖ de
vous ‖ par-mi ‖ les ‖ morts ‖ et ‖ qui
vous ‖ lou-e-ra ‖ dans ‖ les ‖ en-fers.

Je ‖ me ‖ suis ‖ tour-men-té ‖ tou-tes
les ‖ nuits ‖ dans ‖ mes ‖ gé-mis-se-mens
jus-qu'à ‖ bai-gner ‖ mon ‖ lit ‖ et
ar-ro-ser ‖ ma ‖ cou-che ‖ de ‖ mes
lar-mes.

Les ‖ dou-leurs ‖ m'ont ‖ fait ‖ pleu-rer
jus-qu'à ‖ per-dre ‖ les ‖ yeux ‖ j'ai ‖ vieil-
li ‖ au ‖ mi-lieu ‖ de ‖ mes ‖ en-ne-mis.

Re-ti-rez ‖ vous ‖ de ‖ moi ‖ vous ‖ qui
com-met-tez ‖ l'i-ni-qui-té ‖ car ‖ Dieu
a ‖ ex-au-cé ‖ la ‖ voix ‖ de ‖ mes ‖ pleurs.

Le ‖ Sei-gneur ‖ a ‖ ex-au-cé ‖ ma
pri-è-re ‖ le ‖ Sei-gneur ‖ a ‖ re-çu
ma ‖ de-man-de.

Que ‖ tous ‖ mes ‖ en-ne-mis ‖ soient
dans ‖ u-ne ‖ é-mo-ti-on ‖ con-ti-nu-el-
le ‖ qu'ils ‖ s'en ‖ re-tour-nent ‖ cou-verts

de ‖ hon-te ‖ et ‖ de ‖ con-fu-si-on.

Gloi-re ‖ soit ‖ au ‖ Pè-re ‖ etc.

PSAU-ME ‖ 31.

Bien-heu-reux ‖ sont ‖ ceux ‖ à ‖ qui
les ‖ i-ni-qui-tés ‖ sont ‖ par-don-né-es
et ‖ dont ‖ les ‖ pé-chés ‖ sont ‖ cou-verts.

Bien-heu-reux ‖ est ‖ l'hom-me ‖ à
qui ‖ Dieu ‖ n'im-pu-te ‖ point ‖ sa
fau-te ‖ et ‖ dont ‖ l'es-prit ‖ est ‖ sans
dé-gui-se-ment.

Par-ce ‖ que ‖ je ‖ me ‖ suis ‖ tu ‖ mes
os ‖ se ‖ sont ‖ ca-ri-és ‖ au ‖ mi-lieu
des ‖ cris ‖ que ‖ j'ai ‖ je-tés ‖ pendant ‖ tout ‖ le ‖ jour.

Vo-tre ‖ main ‖ s'est ‖ ap-pe-san-ti-e
sur ‖ moi ‖ le ‖ jour ‖ et ‖ la ‖ nuit ‖ la
dou-leur ‖ que ‖ je ‖ res-sen-tais ‖ m'a
des-sé-ché ‖ com-me ‖ l'her-be ‖ du-
rant ‖ les ‖ cha-leurs ‖ de ‖ l'é-té.

Je ‖ vous ‖ ai ‖ con-fes-sé ‖ hau-
te-ment ‖ mon ‖ of-fen-se ‖ et ‖ je
ne ‖ vous ‖ ai ‖ point ‖ te-nu ‖ mon
i-ni-qui-té ‖ ca-ché-e.

J'ai ‖ dit ‖ dans ‖ ‖ mon ‖ a-me ‖ je dé-cla-re-rai ‖ con-tre ‖ moi ‖ mê-me mon ‖ pé-ché ‖ au ‖ Sei-gneur ‖ et vous ‖ a-vez ‖ re-mis ‖ la ‖ pei-ne ‖ de mon ‖ pé-ché.

Ce-la ‖ por-te-ra ‖ tous ‖ les ‖ Saints à ‖ vous ‖ a-dres-ser ‖ leurs ‖ pri-è-res dans ‖ le ‖ temps ‖ fa-vo-ra-ble.

Et ‖ quand ‖ mê-me ‖ un ‖ dé-lu-ge d'eau ‖ i-non-de-rait ‖ la ‖ ter-re ‖ ils n'en ‖ se-raient ‖ pas ‖ é-bran-lés.

Vous ‖ ê-tes ‖ mon ‖ a-si-le ‖ con-tre les ‖ ad-ver-si-tés ‖ qui ‖ m'en-vi-ron-nent ‖ vous ‖ qui ‖ ê-tes ‖ ma ‖ joie dé-li-vrez ‖ moi ‖ des ‖ maux ‖ qui m'en-vi-ron-nent ‖ de ‖ tous ‖ cô-tés.

Je ‖ vous ‖ don-ne-rai ‖ l'in-tel-li-gen-ce ‖ et ‖ je ‖ vous ‖ mon-tre-rai le ‖ che-min ‖ où ‖ vous ‖ de-vez ‖ mar-cher ‖ et ‖ j'au-rai ‖ les ‖ yeux ‖ sur vo-tre ‖ con-dui-te.

Ne ‖ de-ve-nez ‖ point ‖ sem-bla-ble au ‖ che-val ‖ et ‖ au ‖ mu-let ‖ qui n'ont ‖ point ‖ d'en-ten-de-ment.

Vous ‖ leur ‖ met-tez ‖ le ‖ mors et ‖ la ‖ bri-de ‖ de ‖ peur ‖ qu'ils ne ‖ vous ‖ mor-dent ‖ et ‖ ne ‖ ru-ent con-tre ‖ vous.

Les ‖ mé-chans ‖ se-ront ‖ ac-ca-blés de ‖ maux ‖ mais ‖ la ‖ mi-sé-ri-cor-de du ‖ Sei-gneur ‖ se-ra ‖ le ‖ par-ta-ge de ‖ ceux ‖ qui ‖ es-pè-rent ‖ en ‖ lui.

Ré-jou-is-sez ‖ vous ‖ dans ‖ le Sei-gneur ‖ hom-mes ‖ jus-tes ‖ et glo-ri-fi-ez ‖ vous ‖ en ‖ lui ‖ vous qui ‖ a-vez ‖ le ‖ cœur ‖ droit.

Gloi-re ‖ soit ‖ au ‖ Pè-re ‖ etc.

Psau-me ‖ 37.

Sei-gneur ‖ ne ‖ me ‖ re-pre-nez pas ‖ dans ‖ vo-tre ‖ fu-reur ‖ et ‖ ne me ‖ cor-ri-gez ‖ pas ‖ dans ‖ le ‖ fort de ‖ vo-tre ‖ co-lè-re.

Car ‖ j'ai ‖ sen-ti ‖ les ‖ traits ‖ de vo-tre ‖ co-lè-re ‖ et ‖ vo-tre ‖ main s'est ‖ ap-pe-san-ti-e ‖ sur ‖ moi.

Ma ‖ chair ‖ cou-ver-te ‖ de ‖ plai-es

é‑prou‑ve ‖ les ‖ ef‑fets ‖ de ‖ vo‑tre
co‑lè‑re ‖ et ‖ mes ‖ os ‖ ne ‖ pren‑nent
au‑cun ‖ re‑pos ‖ à ‖ la ‖ vu‑e ‖ de
mes ‖ pé‑chés.

Car ‖ il ‖ est ‖ vrai ‖ que ‖ mes ‖ i‑ni‑
qui‑tés ‖ me ‖ noient ‖ et ‖ se ‖ sont
é‑le‑vé‑es ‖ par ‖ des‑sus ‖ ma ‖ tê‑te
et ‖ com‑me ‖ un ‖ far‑deau ‖ pe‑sant
el‑les ‖ m'ac‑ca‑blent ‖ sous ‖ leur ‖ faix.

Mes ‖ ci‑ca‑tri‑ces ‖ se ‖ sont ‖ en‑
vieil‑li‑es ‖ et ‖ ont ‖ dé‑gé‑né‑ré ‖ par
ma ‖ fo‑li‑e ‖ en ‖ u‑ne ‖ cor‑rup‑
ti‑on ‖ sans ‖ re‑mè‑de.

E‑tant ‖ ain‑si ‖ de‑ve‑nu ‖ mi‑sé‑
ra‑ble ‖ et ‖ cour‑bé ‖ sous ‖ les ‖ en‑
nuis ‖ je ‖ che‑mi‑ne ‖ tout ‖ le ‖ jour
a‑vec ‖ u‑ne ‖ gran‑de ‖ tris‑tes‑se.

Mes ‖ reins ‖ sont ‖ rem‑plis ‖ d'il‑
lu‑si‑ons ‖ et ‖ je ‖ n'ai ‖ au‑cu‑ne
par‑ti‑e ‖ de ‖ mon ‖ corps ‖ où ‖ je ‖ ne
souf‑fre.

Je ‖ suis ‖ si ‖ fort ‖ af‑fli‑gé ‖ et
a‑bais‑sé ‖ qu'au ‖ lieu ‖ de ‖ plain‑tes
mon ‖ cœur ‖ n'ex‑pri‑me ‖ sa ‖ dou‑

leur ‖ que ‖ par ‖ des ‖ hur‑le‑mens.

Sei‑gneur ‖ vous ‖ vo‑yez ‖ tou‑tes mes ‖ in‑ten‑ti‑ons ‖ mes ‖ pleurs et ‖ mes ‖ gé‑mis‑se‑mens ‖ ne ‖ vous sont ‖ point ‖ ca‑chés.

Mon ‖ cou‑ra‑ge ‖ s'é‑ton‑ne ‖ je ‖ n'ai plus ‖ ni ‖ for‑ce ‖ ni ‖ vi‑gueur ‖ mes yeux ‖ a‑veu‑glés ‖ par ‖ mes ‖ lar‑mes n'ap‑per‑çoi‑vent ‖ plus ‖ de ‖ clar‑té.

Mes ‖ a‑mis ‖ et ‖ mes ‖ pro‑ches ‖ se sont ‖ é‑loi‑gnés ‖ de ‖ moi ‖ me ‖ vo‑yant ‖ ré‑duit ‖ à ‖ ce ‖ pi‑teux ‖ é‑tat.

Mes ‖ voi‑sins ‖ s'en ‖ sont ‖ re‑ti‑rés ‖ aus‑si ‖ et ‖ ceux ‖ qui ‖ cher‑chent à ‖ m'ô‑ter ‖ la ‖ vi‑e ‖ y ‖ em‑ploient de ‖ gran‑des ‖ vi‑o‑len‑ces.

Ils ‖ n'é‑pi‑ent ‖ que ‖ les ‖ oc‑ca‑si‑ons ‖ de ‖ me ‖ nui‑re ‖ et ‖ tien‑nent ‖ de ‖ mau‑vais ‖ dis‑cours ‖ de moi ‖ ils ‖ pas‑sent ‖ tous ‖ les ‖ jours à ‖ cher‑cher ‖ les ‖ mo‑yens ‖ de ‖ me ru‑i‑ner.

Mais ‖ je ‖ ne ‖ leur ‖ ré‑pon‑dais pas ‖ plus ‖ que ‖ si ‖ j'eus‑se ‖ é‑té

sourd ‖ et ‖ je ‖ ne ‖ leur ‖ par-lais ‖ pas
plus ‖ que ‖ si ‖ j'eus-se ‖ é-té ‖ mu-et.

J'ai ‖ bou-ché ‖ les ‖ o-reil-les ‖ à
tous ‖ leurs ‖ re-pro-ches ‖ ma ‖ lan-
gue ‖ n'a ‖ point ‖ pris ‖ la ‖ pei-ne ‖ de
re-pous-ser ‖ les ‖ in-ju-res.

Par-ce ‖ qu'en ‖ vous ‖ Sei-gneur
j'ai ‖ mis ‖ tou-te ‖ mon ‖ es-pé-ran-
ce ‖ Sei-gneur ‖ mon ‖ Dieu ‖ vous
m'ex-au-ce-rez.

Je ‖ vous ‖ de-man-de ‖ cet-te ‖ grâ-ce
que ‖ mes ‖ en-ne-mis ‖ ne ‖ se ‖ puis-
sent ‖ glo-ri-fi-er ‖ de ‖ mes ‖ mi-sè-res
et ‖ que ‖ fai-sant ‖ un ‖ faux ‖ pas ‖ ils
ne ‖ se ‖ re-dres-sent ‖ con-tre ‖ moi
que ‖ pour ‖ me ‖ fai-re ‖ tom-ber.

Je ‖ suis ‖ pour-tant ‖ dis-po-sé ‖ à
souf-frir ‖ tou-jours ‖ la ‖ per-sé-cu-ti-on
et ‖ la ‖ dou-leur ‖ que ‖ j'ai ‖ mé-ri-té-e
se ‖ pré-sen-te ‖ con-ti-nu-el-le-ment
à ‖ mes ‖ yeux.

Car ‖ j'a-vou-e ‖ que ‖ j'ai ‖ com-mis
de ‖ gran-des ‖ i-ni-qui-tés ‖ et ‖ je ‖ ne
pro-po-se ‖ à ‖ ma ‖ pen-sé-e ‖ jour ‖ et

nuit ‖ que ‖ l'ob–jet ‖ de ‖ mon ‖ cri-me.

Ce-pen-dant ‖ mes ‖ en-ne-mis ‖ vi-vent ‖ con–tens ‖ ils ‖ se ‖ for-ti-fi-ent con–tre ‖ moi ‖ et ‖ leur ‖ nom–bre aug-men-te ‖ tous ‖ les ‖ jours.

Ceux ‖ qui ‖ ren-dent ‖ le ‖ mal ‖ pour le ‖ bien ‖ m'ont ‖ é–té ‖ con–trai-res par-ce ‖ que ‖ j'ai-me ‖ la ‖ paix ‖ et la ‖ dou-ceur.

Sei-gneur ‖ ne ‖ m'a-ban-don-nez point ‖ dans ‖ ces ‖ pé-rils ‖ mon ‖ Dieu ne ‖ vous ‖ é-loi-gnez ‖ point ‖ de ‖ moi.

Ve-nez ‖ promp-te-ment ‖ à ‖ mon ‖ se-cours ‖ mon ‖ Sei-gneur ‖ et ‖ mon ‖ Dieu puis-que ‖ vous ‖ ê-tes ‖ mon ‖ sa-lut.

Gloi-re ‖ soit ‖ au ‖ Pè-re ‖ etc.

PSAU–ME ‖ 5o.

Mon ‖ Dieu ‖ a-yez ‖ pi-ti-é ‖ de ‖ moi se-lon ‖ vo-tre ‖ gran-de ‖ mi-sé-ri-cor-de.

Et ‖ se-lon ‖ la ‖ mul-ti-tu-de ‖ de ‖ vos bon-tés ‖ ef-fa-cez ‖ mon ‖ i-ni-qui-té.

Ver-sez ‖ a-bon-dam-ment ‖ sur ‖ moi de ‖ quoi ‖ me ‖ la-ver ‖ de ‖ mes ‖ fau-tes net-to-yez ‖ moi ‖ de ‖ mon ‖ pé-ché.

Je ‖ re-con-nais ‖ mes ‖ of-fen-ses et ‖ mon ‖ cri-me ‖ est ‖ tou-jours con-tre ‖ moi.

Con-tre ‖ vous ‖ seul ‖ j'ai ‖ pé-ché et ‖ j'ai ‖ com-mis ‖ de-vant ‖ vos ‖ yeux tout ‖ le ‖ mal ‖ dont ‖ je ‖ me ‖ sens ‖ cou-pa-ble ‖ so-yez ‖ re-con-nu ‖ vé-ri-ta-ble en ‖ vos ‖ pro-mes-ses ‖ et ‖ de-meu-rez vic-to-ri-eux ‖ dans ‖ vos ‖ ju-ge-mens.

J'ai ‖ é-té ‖ souil-lé ‖ de ‖ vi-ces ‖ dès l'ins-tant ‖ de ‖ ma ‖ for-ma-ti-on ‖ et ‖ ma mè-re ‖ m'a ‖ con-çu ‖ dans ‖ le ‖ pé-ché.

Vous ‖ vou-lez ‖ que ‖ l'on ‖ soit ‖ à vous ‖ du ‖ fond ‖ du ‖ cœur ‖ et ‖ vous m'a-vez ‖ ins-pi-ré ‖ en ‖ se-cret ‖ la ‖ con-nais-san-ce ‖ de ‖ vo-tre ‖ sa-ges-se.

Ar-ro-sez ‖ moi ‖ d'hy-so-pe ‖ et je ‖ se-rai ‖ net-to-yé ‖ la-vez ‖ moi et ‖ je ‖ de-vien-drai ‖ plus ‖ blanc que ‖ la ‖ nei-ge.

Fai-tes ‖ moi ‖ en-ten-dre ‖ u-ne ‖ pa-ro-le ‖ de ‖ con-so-la-ti-on ‖ et ‖ de ‖ joie et ‖ el-le ‖ i-ra ‖ jus-ques ‖ dans ‖ mes os ‖ af-fai-blis ‖ par ‖ le ‖ tra-vail.

Dé-tour-nez ‖ vos ‖ yeux ‖ de ‖ mes pé-chés ‖ et ‖ ef-fa-cez ‖ les ‖ ta-ches de ‖ mes ‖ i-ni-qui-tés.

Mon ‖ Dieu ‖ cré-ez ‖ un ‖ cœur pur ‖ en ‖ moi ‖ et ‖ re-nou-ve-lez y ‖ l'es-prit ‖ d'in-no-cen-ce.

Ne ‖ me ‖ re-je-tez ‖ pas ‖ de ‖ vo-tre ‖ pré-sen-ce ‖ et ‖ ne ‖ re-ti-rez pas ‖ de ‖ moi ‖ vo-tre ‖ Saint ‖ Es-prit.

Ren-dez ‖ à ‖ mon ‖ a-me ‖ la ‖ joie de ‖ vo-tre ‖ as-sis-tan-ce ‖ et ‖ as-su-rez ‖ mes ‖ for-ces ‖ par ‖ vo-tre es-prit ‖ sou-ve-rain.

J'en-sei-gne-rai ‖ vos ‖ voies ‖ aux mé-chans ‖ et ‖ les ‖ im-pi-es ‖ se con-ver-ti-ront ‖ en ‖ vous.

O ‖ mon ‖ Dieu ‖ le ‖ Dieu ‖ de ‖ mon sa-lut ‖ pur-gez ‖ moi ‖ du ‖ cri-me d'ho-mi-ci-de ‖ et ‖ ma ‖ lan-gue ‖ s'es-ti-me-ra ‖ heu-reu-se ‖ de ‖ ra-con-ter les ‖ mi-ra-cles ‖ de ‖ vo-tre ‖ jus-ti-ce.

Sei-gneur ‖ ou-vrez ‖ s'il ‖ vous ‖ plaît mes ‖ lè-vres ‖ et ‖ ma ‖ bou-che ‖ aus-si-tôt ‖ an-non-ce-ra ‖ vos ‖ lou-an-ges.

Car ‖ si ‖ vous ‖ eus-siez ‖ vou-lu ‖ des
sa-cri-fi-ces ‖ je ‖ vous ‖ en ‖ eus-se ‖ of-
fert ‖ mais ‖ les ‖ ho-lo-caus-tes ‖ ne ‖ pou-
vaient ‖ ap-pai-ser ‖ vo-tre ‖ cour-roux.

Un ‖ es-prit ‖ af-fli-gé ‖ du ‖ re-gret
de ‖ ses ‖ pé-chés ‖ est ‖ le ‖ sa-cri-fi-ce
a-gré-a-ble ‖ à ‖ Dieu ‖ mon ‖ Dieu
vous ‖ ne ‖ mé-pri-se-rez ‖ point ‖ un
cœur ‖ con-trit ‖ et ‖ hu-mi-li-é.

Sei-gneur ‖ ré-pan-dez ‖ vos ‖ bé-né-
dic-ti-ons ‖ sur ‖ Si-on ‖ a-fin ‖ qu'on
bâ-tis-se ‖ les ‖ murs ‖ de ‖ Jé-ru-sa-lem.

A-lors ‖ vous ‖ a-gré-e-rez ‖ les
sa-cri-fi-ces ‖ de ‖ jus-ti-ce ‖ vous
ac-cep-te-rez ‖ nos ‖ o-bla-ti-ons ‖ et
nos ‖ ho-lo-caus-tes ‖ et ‖ l'on ‖ of-
fri-ra ‖ des ‖ veaux ‖ sur ‖ vos ‖ au-tels.

Gloi-re ‖ soit ‖ au ‖ Pè-re ‖ etc.

Psau-me ‖ 101.

Sei-gneur ‖ ex-au-cez ‖ ma ‖ pri-
è-re ‖ et ‖ per-met-tez ‖ que ‖ ma
voix ‖ ail-le ‖ jus-qu'à ‖ vous.

Ne ‖ dé-tour-nez ‖ point ‖ vo-tre

vi-sa-ge ‖ de ‖ des-sus ‖ ma ‖ mi-sè-re, mais ‖ prê-tez ‖ l'o-reil-le ‖ à ‖ ma ‖ voix quand ‖ je ‖ suis ‖ en ‖ af-flic-ti-on.

En ‖ quel-que ‖ temps ‖ que ‖ je vous ‖ in-vo-que ‖ ex-au-cez ‖ moi promp-te-ment.

Par-ce ‖ que ‖ mes ‖ jours ‖ s'é-cou-lent ‖ com-me ‖ la ‖ fu-mé-e ‖ mes os ‖ se ‖ con-su-ment ‖ com-me ‖ un ti-son ‖ dans ‖ le ‖ feu.

Mon ‖ cœur ‖ est ‖ de-ve-nu ‖ sec com-me ‖ u-ne ‖ her-be ‖ fa-né-e ‖ par l'ar-deur ‖ du ‖ so-leil ‖ par-ce ‖ que ‖ j'ai ou-bli-é ‖ de ‖ man-ger ‖ mon ‖ pain.

A ‖ for-ce ‖ de ‖ me ‖ plain-dre et ‖ de ‖ sou-pi-rer ‖ mes ‖ os ‖ tien-nent ‖ à ‖ ma ‖ peau.

Je ‖ res-sem-ble ‖ au ‖ pé-li-can ‖ dans le ‖ dé-sert ‖ ou ‖ à ‖ la ‖ chou-et-te ‖ en-ne-mi-e ‖ de ‖ la ‖ lu-mi-è-re ‖ qui ‖ se tient ‖ dans ‖ les ‖ trous ‖ de ‖ la ‖ maison.

Je ‖ ne ‖ re-po-se ‖ point ‖ tou-tes ‖ les nuits ‖ je ‖ de-meu-re ‖ so-li-tai-re ‖ com-me ‖ le ‖ pas-se-reau ‖ dans ‖ son ‖ nid.

Mes ‖ en-ne-mis ‖ me ‖ font ‖ des

re-pro-ches ‖ tout ‖ le ‖ long ‖ du
jour ‖ et ‖ ceux ‖ qui ‖ m'ont ‖ don-né
des ‖ lou-an-ges ‖ se ‖ sont ‖ ef-for-cés
de ‖ me ‖ dés-ho-no-rer.

Vo-yant ‖ que ‖ je ‖ man-geais ‖ de
la ‖ cen-dre ‖ au ‖ lieu ‖ de ‖ pain ‖ et
que ‖ je ‖ mê-lais ‖ mon ‖ breu-va-ge
a-vec ‖ de ‖ l'eau ‖ de ‖ mes ‖ pleurs.

A ‖ cau-se ‖ de ‖ vo-tre ‖ co-lè-re
et ‖ de ‖ vo-tre ‖ in-di-gna-ti-on
puis-que ‖ a-près ‖ m'a-voir ‖ é-le-vé
vous ‖ m'a-vez ‖ a-bat-tu.

Mes ‖ jours ‖ se ‖ sont ‖ é-cou-lés
com-me ‖ l'om-bre ‖ le ‖ cha-grin
me ‖ fait ‖ sé-cher ‖ com-me ‖ le ‖ foin.

Mais ‖ vous ‖ Sei-gneur ‖ qui ‖ de-
meu-rez ‖ é-ter-nel-le-ment ‖ la ‖ mé-
moi-re ‖ de ‖ vo-tre ‖ nom ‖ se-ra
im-mor-tel-le ‖ pas-sant ‖ de ‖ gé-
né-ra-ti-on ‖ en ‖ gé-né-ra-ti-on.

Tour-nez ‖ vos ‖ re-gards ‖ sur
Si-on ‖ quand ‖ vous ‖ re-vien-drez
de ‖ vo-tre ‖ som-meil ‖ pre-nez ‖ pi-
ti-é ‖ de ‖ ses ‖ mi-sè-res ‖ puis-qu'il
est ‖ temps ‖ de ‖ lui ‖ par-don-ner.

Il ‖ est ‖ vrai ‖ que ‖ ses ‖ pri-è-res ‖ sont ‖ tel-le-ment ‖ chè-res ‖ à vos ‖ ser-vi-teurs ‖ qu'ils ‖ ont ‖ re-gret ‖ de ‖ voir ‖ u-ne ‖ si ‖ bel-le vil-le ‖ dé-trui-te.

A-lors ‖ Sei-gneur ‖ tou-tes ‖ les na-ti-ons ‖ re-dou-te-ront ‖ vo-tre nom ‖ et ‖ vo-tre ‖ gloi-re ‖ é-pou-van-te-ra ‖ tous ‖ les ‖ rois ‖ de ‖ la ‖ ter-re.

Par-ce ‖ que ‖ le ‖ Sei-gneur ‖ a bâ-ti ‖ Si-on ‖ où ‖ il ‖ pa-raî-tra dans ‖ sa ‖ gloi-re.

Il ‖ re-gar-de-ra ‖ fa-vo-ra-ble-ment ‖ la ‖ pri-è-re ‖ des ‖ hum-bles et ‖ il ‖ ne ‖ la ‖ mé-pri-se-ra ‖ pas.

Ces ‖ cho-ses ‖ se-ront ‖ trans-mi-ses ‖ à ‖ la ‖ pos-té-ri-té ‖ qui ‖ en ‖ don-ne-ra ‖ des ‖ lou-an-ges ‖ au ‖ Sei-gneur.

De ‖ son ‖ trô-ne ‖ é-le-vé ‖ dans le ‖ ciel ‖ il ‖ jet-te-ra ‖ ses ‖ re-gards sur ‖ la ‖ ter-re.

Pour ‖ en-ten-dre ‖ les ‖ cris ‖ de ceux ‖ qui ‖ sont ‖ dans ‖ les ‖ fers et ‖ pour ‖ bri-ser ‖ leurs ‖ chaî-nes.

A-fin ‖ que ‖ le ‖ nom ‖ du ‖ Sei-gneur

soit ‖ ho-no-ré ‖ dans ‖ Si-on ‖ et ‖ sa
lou-an-ge‖chan-té-e‖ en ‖ Jé-ru-sa-lem.

Quand ‖ les ‖ peu-ples ‖ et ‖ les ‖ rois
se ‖ join-dront ‖ en-sem-ble ‖ pour
ser-vir ‖ le ‖ Sei-gneur.

Ce-pen-dant ‖ il ‖ a ‖ af-fai-bli
ma ‖ for-ce ‖ dans ‖ le ‖ che-min ‖ il
a ‖ a-bré-gé ‖ mes ‖ jours.

Mon ‖ Dieu ‖ ne ‖ me ‖ re-ti-rez ‖ pas
du ‖ mon-de ‖ au ‖ mi-lieu ‖ de ‖ ma
vi-e ‖ mes ‖ an-né-es ‖ du-re-ront
dans ‖ la ‖ sui-te ‖ de ‖ tous ‖ les ‖ â-ges.

Vous ‖ a-vez ‖ cré-é ‖ la ‖ ter-re
dès ‖ le ‖ com-men-ce-ment ‖ du
mon-de ‖ les ‖ cieux ‖ sont ‖ l'ou-
ra-ge ‖ de ‖ vos ‖ mains.

Ils ‖ pé-ri-ront ‖ mais ‖ vous ‖ vous
de-meu-re-rez.

Ils ‖ vieil-li-ront ‖ tous ‖ com-me
un ‖ vê-te-ment ‖ vous‖ leur ‖ fe-rez
chan-ger ‖ de ‖ for-me ‖ com-me ‖ à
un ‖ man-teau.

Pour ‖ vous ‖ vous ‖ se-rez ‖ toujours ‖ le ‖ mê-me ‖ et ‖ vos ‖ an-
né-es ‖ ne ‖ fi-ni-ront ‖ point.

Les ‖ en-fans ‖ de ‖ vos ‖ ser-vi-
teurs ‖ ha-bi-te-ront ‖ la ‖ ter-re
et ‖ leur ‖ pos-té-ri-té ‖ sub-sis-te-ra
tou-jours ‖ en ‖ vo-tre ‖ pré-sen-ce.
Gloi-re ‖ soit ‖ au ‖ Pè-re ‖ etc.

PSAU-ME ‖ 129.

Sei-gneur ‖ je ‖ m'é-cri-e ‖ vers
vous ‖ du ‖ pro-fond ‖ a-by-me ‖ où ‖ je
suis ‖ Sei-gneur ‖ é-cou-tez ‖ ma ‖ voix

Ren-dez ‖ s'il ‖ vous ‖ plaît ‖ vo
o-reil-les ‖ at-ten-ti-ves ‖ à ‖ la ‖ voi
de ‖ ma ‖ pri-è-re.

Sei-gneur ‖ si ‖ vous ‖ nous ‖ trai-te
se-lon ‖ nos ‖ pé-chés ‖ qui ‖ pour-r
sub-sis-ter ‖ en ‖ vo-tre ‖ pré-sen-ce

Mais ‖ vous ‖ u-sez ‖ de ‖ clé-men
ce ‖ et ‖ à ‖ cau-se ‖ de ‖ vo-tre ‖ l
je ‖ vous ‖ at-tends ‖ Sei-gneur.

Je ‖ l'at-tends ‖ a-vec ‖ u-ne ‖ vi-v
con-fi-an-ce ‖ en ‖ ses ‖ pa-ro-le
mon ‖ a-me ‖ es-pè-re ‖ au ‖ Sei-gneur

Que ‖ de-puis ‖ le ‖ point ‖ d
jour ‖ jus-qu'à ‖ la ‖ nuit ‖ Is-ra-e
es-pè-re ‖ au ‖ Sei-gneur.

Car ‖ le ‖ Sei-gneur ‖ est ‖ plein ‖ de mi-sé-ri-cor-de ‖ et ‖ il ‖ a ‖ des ‖ grâ-ces a-bon-dan-tes ‖ pour ‖ nous ‖ ra-che-ter.

Il ‖ ra-che-te-ra ‖ lui ‖ mê-me ‖ Is-ra-el ‖ et ‖ le ‖ dé-li-vre-ra ‖ de ‖ tous ses ‖ pé-chés.

Gloi-re ‖ soit ‖ au ‖ Pè-re ‖ etc.

PSAU-ME ‖ 142.

Sei-gneur ‖ ex-au-cez ‖ ma ‖ pri-è-re ‖ en-ten-dez ‖ ma ‖ de-man-de ex-au-cez ‖ moi ‖ se-lon ‖ la ‖ vé-ri-té ‖ de ‖ vos ‖ pro-mes-ses ‖ et ‖ se-lon ‖ vo-tre ‖ jus-ti-ce.

N'en-trez ‖ point ‖ en ‖ ju-ge-ment a-vec ‖ vo-tre ‖ ser-vi-teur ‖ car per-son-ne ‖ ne ‖ pour-ra ‖ ja-mais se ‖ jus-ti-fi-er ‖ de-vant ‖ vous.

L'en-ne-mi ‖ me ‖ pour-suit ‖ pour 'ô-ter ‖ la ‖ vi-e ‖ il ‖ m'a ‖ dé-jà en-ver-sé ‖ par ‖ ter-re.

Com-me ‖ les ‖ morts ‖ il ‖ m'a ‖ con-ı-né ‖ dans ‖ les ‖ lieux ‖ obs-curs ‖ mon s-prit ‖ est ‖ dans ‖ la ‖ dé-fail-lan-ce t | mon |cœur | dans | l'a-gi-ta-ti-on.

Je | me | sou-viens | des | siè-cles
pas-sés | je | me | rap-pel-le | ce | que
vous | a-vez | fait | au-tre-fois | je
mé-di-te | sur | les | ou-vra-ges | de
vos | mains.

J'é-lè-ve | les | mien-nes | vers
vous | et | mon | a-me | sans | vous
est | com-me | u-ne | ter-re | sans | eau.

Sei-gneur | hâ-tez | vous | de | m'ex-
au-cer | mon | es-prit | tom-be | en
dé-fail-lan-ce.

Ne | dé-tour-nez | point | de | moi
vo-tre | vi-sa-ge | a-fin | que | je | ne
de-vien-ne | point | sem-bla-ble | à | ceux
qui | des-cen-dent | dans | l'a-by-me.

Fai-tes | moi | en-ten-dre | dès
le | ma-tin | la | voix | de | vo-tre
mi-sé-ri-cor-de | puis-que | j'ai | mis
mon | es-pé-ran-ce | en | vous.

Mon-trez | moi | le | che-min | par
le-quel | je | dois | mar-cher | d'au-
tant | que | mon | a-me | est | tou-
jours | é-le-vé-e | vers | vous.

Sei-gneur ‖ dé-li-vrez ‖ moi ‖ de mes ‖ en-ne-mis ‖ je ‖ me ‖ jet-te en-tre ‖ vos ‖ bras ‖ en-sei-gnez ‖ moi à ‖ fai-re ‖ vo-tre ‖ vo-lon-té ‖ car vous ‖ ê-tes ‖ mon ‖ Dieu.

Que ‖ vo-tre ‖ es-prit ‖ plein ‖ de bon-té ‖ me ‖ con-dui-se ‖ par ‖ un che-min ‖ droit ‖ fai-tes ‖ moi ‖ vi-vre ‖ Sei-gneur ‖ pour ‖ la ‖ gloi-re de ‖ vo-tre ‖ nom.

Ti-rez ‖ mon ‖ a-me ‖ de ‖ l'af-flic-ti-on ‖ et ‖ par ‖ l'ef-fet ‖ de ‖ vo-tre ‖ mi-sé-ri-cor-de ‖ ex-ter-mi-nez mes ‖ en-ne-mis.

Et ‖ fai-tes ‖ pé-rir ‖ tous ‖ ceux qui ‖ af-fli-gent ‖ mon ‖ a-me ‖ par-ce que ‖ je ‖ suis ‖ vo-tre ‖ ser-vi-teur.

Gloi-re ‖ soit ‖ au ‖ Pè-re ‖ etc.

Ant. ‖ Sei-gneur ‖ ne ‖ vous ‖ res-sou-ve-nez ‖ point ‖ de ‖ nos ‖ of-fen-ses ‖ ni ‖ des ‖ fau-tes ‖ de ‖ nos pa-rens ‖ et ‖ ne ‖ pre-nez ‖ point ‖ la ven-gean-ce ‖ de ‖ nos ‖ pé-chés.

MONOSYLLABES

EN CARACTÈRES ITALIQUES.

Dieu est le dieu des dieux ; il est tout. Il a fait le ciel et tout ce qui est sous les cieux. Il a fait les eaux et tout ce qui est sous les eaux. Il a fait l'air et tout ce qui est dans les airs. Il a fait le feu et tout ce qui est dans le feu. Il a fait les fleurs , les grains et les fruits ; il a fait le jour et la nuit ; il nous a fait nous tous , et tout ce qui est en haut et ici bas. Tout ce qui croît et vit n'est fait que par lui seul. Il a tout fait.

Dieu voit tout. Il voit le bien et le mal que l'on fait. Il voit tout ce qui est dans nos cœurs. Dieu fait tout ce qui lui plaît. Il tient tous les biens dans sa main. Nos vœux et nos cœurs sont ce qui lui plaît mieux. Il ne veut que le bien de nous tous.

Nota On appelle dissyllabes les mots composés de deux syllabes, et polysyllabes ceux qui en ont plusieurs.

MÉTHODE

Pour apprendre à lier et prononcer correctement les mots.

EXEMPLES.

ON ÉCRIT :	ON PRONONCE :
Voeux au ciel	vœu-z'au ciel.
Après eux	aprè-z'eux.
Bien honnête	bié-n'honnête.
Constamment	constamant.
Un Paon	un Pan.
Un Faon	un Fan.
Une Cicogne	une Cigogne.
Un second hymenée	un segon-t'hymenée.
Le second étage	le-zegon-t'étage.
Nous croyons	nous croi-ions.
Trop entêté	tro-p'entêté.
L'un et l'autre	l'u-n et l'autre.
Un grand homme	un gran-t'homme.
Elle arrive	el-l'arrive.
Que vend-il ?	que ven-t'il ?
Un Coq d'Inde	un Co-d'Inde.
Des Bœufs entiers	des Bœu-z'entié.
Du Bœuf à la mode	du Bœu-v'à la mode.
Quinquagénaire	couincouagénaire.
Existence	egzistance.
Maximes	maccimes.
Sixième	sizième.

LES VÊPRES

DU

DIMANCHE.

PSAUME 109.

LE Seigneur a dit à mon Seigneur :
Asseyez-vous à ma droite.

Tandis que terrassant vos ennemis je
les ferai servir d'escabeau à vos pieds.

Le Seigneur fera sortir de Sion
le sceptre de votre règne ; dominez
au milieu de vos ennemis.

Votre peuple se rangera auprès de
vous au jour de votre force, étant
revêtu de la splendeur des Saints :
je vous ai engendré innocent avant
l'étoile du matin.

Le Seigneur a juré, et son serment

4

demeurera immuable : Vous êtes le prêtre éternel selon l'ordre de Melchisédech.

Le Seigneur est à votre droite ; il frappera les rois au jour de sa colère.

Il jugera les nations et les détruira ; il brisera sur la terre la tête de plusieurs.

Il boira en chemin des eaux du torrent, et par-là il s'élevera dans la gloire. Gloire soit au Père, etc.

PSAUME 110.

Seigneur, je vous louerai de tout mon cœur dans les assemblées particulières et publiques des justes.

Les ouvrages du Seigneur sont grands, et toujours proportionnés à ses desseins.

Tous ses ouvrages publient ses louanges et sa magnificence ; et sa justice est éternelle.

Le Seigneur, plein de bonté et de miséricorde, a éternisé la mémoire de ses merveilles ; il a donné la nourriture à ceux qui le craignent.

Il se souviendra dans tous les siècles de son alliance ; il montrera à son peuple sa toute-puissance dans ses œuvres.

En leur donnant l'héritage des nations , sa vérité et sa justice éclatent dans les ouvrages de ses mains.

Toutes ses ordonnances sont inviolables ; elles sont immuables dans tous les siècles , elles sont fondées sur la vérité et sur l'équité.

Il a envoyé à son peuple un sauveur pour le racheter ; il a rendu son alliance éternelle.

Son nom est saint et redoutable ; la crainte du Seigneur est le commencement de la sagesse.

Tous ceux qui font ce que cette crainte prescrit , ont la vraie intelligence ; la louange du Seigneur subsistera dans toute l'éternité.

Gloire soit au Père , etc.

PSAUME III.

Heureux celui qui craint le Seigneur ; il prendra un souverain plaisir à observer ses commandemens.

Sa postérité sera puissante sur la terre ; la race des justes sera bénie.

La gloire et les richesses seront dans sa maison ; et sa justice demeurera éternellement.

La lumière se lève au milieu des ténèbres sur ceux qui ont le cœur droit ; le Seigneur est clément, miséricordieux et juste.

Heureux celui qui donne et qui prête ; il réglera ses discours selon la justice, il ne sera jamais ébranlé.

Sa mémoire sera immortelle, et il ne craindra point les langues médisantes.

Son cœur est toujours disposé à espérer au Seigneur ; il est inébranlable ; il attend avec confiance que Dieu le venge de ses ennemis.

Il répand libéralement ses dons sur les pauvres ; sa justice demeure éternellement, et il sera élevé en gloire.

Le méchant le verra, et il frémira de colère ; il grincera les dents, et séchera de dépit ; mais le désir des pécheurs périra. Gloire soit , etc.

PSAUME 112.

Enfans qui êtes appelés au service du Seigneur , louez son saint nom.

Que le nom du Seigneur soit béni maintenant et dans toute l'éternité.

Le nom du Seigneur mérite d'être loué depuis l'orient jusqu'à l'occident.

Le Seigneur est élevé au-dessus des nations ; sa gloire est au-dessus des cieux.

Qui est semblable au Seigneur notre Dieu ? qui habite dans le lieu le plus haut, et qui regarde ce qu'il y a de plus bas dans le ciel et sur la terre ?

Qui tire l'indigent de la poussière , et relève le pauvre de dessus le fumier.

Pour les établir dans les charges honorables , et avec les princes de son peuple ?

Qui donne à celle qui était stérile, la joie de se voir mère de plusieurs enfans ? Gloire soit au Père , etc.

Psaume 113.

Lorsqu'Israel sortit de l'Egypte, et la maison de Jacob du milieu d'un peuple barbare.

Juda fut consacré au service du Seigneur, et Israel devint son domaine.

La mer le vit, et elle s'enfuit; le Jourdain remonta vers sa source.

Les montagnes sautèrent comme des béliers, et les collines comme des agneaux.

O mer, pourquoi fuyais-tu? et toi, Jourdain, pouquoi remontais-tu vers ta source?

Montagnes, pourquoi sautiez-vous comme des béliers? et vous, collines, comme des agneaux?

La terre a tremblé à la vue du Seigneur, à la vue du Dieu de Jacob.

Qui changea la pierre en des torrens d'eau, et le rocher en fontaines abondantes.

Non point à nous, Seigneur, non

point à nous ; mais donnez à votre nom la gloire qui lui appartient.

Que les nations ne disent donc plus : Où est leur Dieu ?

Car notre Dieu est dans le ciel ; il a fait tout ce qu'il a voulu.

Mais les images des Gentils sont d'or, d'argent, ouvrages des mains des hommes.

Ils ont une bouche, et ne parlent point ; ils ont des yeux et ne voient rien.

Ils ont des mains, et ne touchent point ; ils ont des pieds, et ne marchent point ; leur gosier ne peut proférer la moindre parole.

Que ceux qui les font leur deviennent semblables, et tous ceux qui mettent en eux leur confiance.

La maison d'Israel a espéré au Seigneur ; il est son secours et son protecteur.

La maison d'Aaron a espéré au Seigneur, il est son secours et son protecteur.

Ceux qui craignent le Seigneur

mettent en lui leur confiance : il est leur secours et leur protecteur.

Le Seigneur s'est souvenu de nous, et il nous a bénis.

Il a béni la maison d'Israel, il a béni la maison d'Aaron.

Il a béni tous ceux qui le craignent, grands et petits.

Que le Seigneur vous comble de nouvelles grâces, vous et vos enfans.

Soyez bénis du Seigneur, qui a fait le ciel et la terre.

Les cieux sont pour le Seigneur, et il a donné la terre aux enfans des hommes.

Les morts, Seigneur, ne vous loueront point, ni ceux qui descendent dans l'enfer.

Mais nous qui sommes vivans, nous bénissons le Seigneur, depuis ce temps jusqu'à jamais. Gloire soit, etc.

Hymne

O Dieu souverainement bon, qui avez créé la lumière, qui la faites luire tous les jours, et qui en réglez la durée ; qui avez commencé par elle la création du monde.

Vous qui avez ordonné qu'on appellerait jour le matin joint avez le soir , débrouillant l'horrible confusion des choses , entendez nos prières qui sont accompagnées de larmes.

De peur que l'esprit opprimé par ses crimes ne soit privé des biens de la vie , tandis que ne songeant point à méditer les choses éternelles , il se précipite dans les liens du péché.

Qu'il pousse ses désirs jusque dans le ciel , qu'il remporte le prix de la vie ; évitons tout ce qui lui peut être contraire , et , par une sainte pénitence , purgeons notre ame de toutes ses iniquités.

Accordez-nous cette grâce , ô Père de miséricorde , et vous Fils unique , égal au Père , qui , avec lui et le Saint-Esprit , régnez dans tous les siècles. Ainsi soit-il.

CANTIQUE DE LA VIERGE.

Mon ame glorifie le Seigneur ;

Et mon esprit est ravi de joie en Dieu mon Sauveur.

Parce qu'il a regardé la bassesse de sa servante, car désormais tous les siècles m'appelleront bienheureuse.

Car le Tout-Puissant a fait de grandes choses en ma faveur ; son nom est saint.

Et sa miséricorde se répand de race en race sur ceux qui le craignent.

Il a déployé la force de son bras ; il a dissipé les desseins que les superbes formaient dans leurs cœurs.

Il a renversé les grands de leurs trônes, et il a élevé les petits.

Il a rempli de biens ceux qui souffraient la faim, et il a renvoyé vides et pauvres ceux qui étaient riches.

Il a pris sous sa protection Israel son serviteur, se ressouvenant de sa miséricorde.

Selon la promesse qu'il a faite à nos pères, à Abraham et à sa postérité pour toujours. Gloire soit, etc.

L'OFFICE

DE LA

VIERGE MARIE.

A MATINES.

Seigneur, ouvrez, s'il vous plaît, mes lèvres.

Et ma bouche publiera vos louanges.

Mon Dieu, venez à mon aide.

Seigneur, hâtez-vous de me secourir.

Gloire soit au Père, au Fils et au Saint-Esprit.

Comme elle était au commencement, comme elle est maintenant, et comme elle sera toujours aux siècles des siècles. Ainsi soit-il.

Psaume 94.

Venez, montrons la joie que nous avons au Seigneur, chantons la gloire de Dieu, notre refuge ; comparaissons devant lui ; célébrons ses louanges, et faisons résonner des cantiques d'allégresse. Je vous salue, Marie, pleine de grâce, le Seigneur est avec vous.

Car le Seigneur est le grand Dieu et le grand Roi qui est au-dessus de tous les Dieux ; il ne rebutera point son peuple ; il tient en sa main les extrémités de la terre avec les abymes ; et les montagnes les plus élevées sont à lui. Le Seigneur est avec vous.

Parce qu'il a fait la mer, elle lui appartient ; ses mains ont aussi formé la terre. Venez, adorons-le, fléchissons les genoux en sa présence ; versons des larmes devant le Seigneur qui nous a faits car il est notre Dieu : nous sommes le peuple qu'il regarde comme les brebis de sa bergerie. Je vous salue, Marie, pleine de grâce, le Seigneur est avec vous.

Que si vous écoutez aujourd'hui sa voix, n'endurcissez point vos cœurs, comme vous fîtes en la journée de contradiction qui arriva dans le désert, où vos pères me tentèrent, où ils virent mes œuvres. Le Seigneur est avec vous.

Ce peuple m'a offensé sans cesse l'espace de quarante ans, de sorte que j'ai dit : Ce peuple insensé se trompe toujours en son cœur, et il n'a point connu mes voies, aussi ai-je bien fait serment dans ma colère, qu'ils n'entreront point dans le lieu de mon repos. Je vous salue, Marie, pleine de grâce, le Seigneur est avec vous.

Gloire soit au Père, au Fils et au Saint-Esprit ; comme elle sera toujours aux siècles des siècles. Le Seigneur est avec vous. Je vous salue, Marie, pleine de grâce, le Seigneur est avec vous.

HYMNE.

Celui-là que la terre, la mer, les cieux révèrent, adorent et louent; qui par sa puissance infine gouverne ce grand univers; les flancs de Marie ont eu l'honneur de le porter.

Les entrailles d'une vierge féconde, comblée de grâces et de bénédictions du ciel, contiennent celui à qui la lune, le soleil et toutes les créatures obéissent.

Heureuse mère, à cause du précieux fruit qu'elle porte! son chaste ventre enferme comme dans un tabernacle celui qui a créé le monde, et qui le soutient dans le creux de sa main.

Heureuse encore par l'ambassade que vous avez reçue du ciel, ayant été rendue féconde par le Saint-Esprit; par votre consentement, le désiré des nations a été envoyé au monde.

Donc à vous, Seigneur, né de la Vierge, la gloire soit donnée, com-

me au Père et au Saint-Esprit, aux
siècles des siècles. Ainsi soit-il.

PSAUME 8.

Seigneur, notre souverain Seigneur,
que votre nom est grand et admirable
par toute la terre.

Votre magnificence est élevée par-
dessus les cieux.

Vous avez mis vos louanges dans
la bouche des petits enfans qui sont
encore à la mamelle, afin de remplir
de confusion vos adversaires, et de
détruire les ennemis de votre gloire.

Car je considérerai avec attention
les cieux, ouvrage de vos mains,
ensemble la lune et les étoiles que
vous avez formées.

Qu'est-ce que l'homme, pour vous
souvenir de lui? ou le fils de l'homme,
pour que vous le visitiez?

Car vous ne l'avez rendu qu'un
peu inférieur aux anges, vous l'avez
couronné d'honneur et de gloire, et

lui avez donné l'empire sur tous les ouvrages de vos mains.

Vous avez mis toutes choses sous ses pieds; il domine sur les brebis, les bœufs et les troupeaux des champs.

Les oiseaux de l'air, les poissons de la mer, et ceux qui se promènent dans les eaux.

Seigneur, notre souverain Seigneur, que votre nom est grand et admirable par toute la terre! Gloire soit, etc.

PSAUME 18.

Les cieux racontent la gloire de Dieu, et le firmament publie l'excellence des ouvrages qui sont sortis de ses mains.

Le jour qui passe annonce ses merveilles au jour qui le suit, et la nuit apprend à l'autre nuit à chanter ses louanges.

Il n'y a point de nations ni de langues qui entendent leurs voix et leurs langages; car le bruit qu'ils font va par toute la terre, et leurs paroles volent jusqu'aux extrémités du monde.

Le Seigneur a établi sa demeure dans le soleil, où il paraît comme un époux bien paré, sortant de sa chambre nuptiale.

Il commence sa course gaiement, comme un prince fort généreux ; il sort d'un des bouts des cieux.

Et ayant continué son vaste tour jusqu'à l'autre extrémité, il n'a trouvé aucune créature qui n'ait senti sa chaleur.

La loi sans tache du Seigneur, convertissant les ames, est le témoignage fidèle d'un Dieu qui donne la sagesse aux simples.

Sa justice infaillible donne de la joie à tous les cœurs, ses commandemens, qui sont purs, éclairent nos yeux obscurcis.

La crainte du Seigneur, qui est sainte, demeure éternellement ; ses jugemens sont fondés dans sa justice infinie.

5

Ils sont beaucoup plus désirables que l'or et les pierres précieuses, ils sont plus doux que le miel des ruches.

C'est pourquoi votre serviteur les a toujours gardés, sachant qu'il y a de grandes récompenses pour ceux qui les observent.

Qui peut connaître ses fautes ? Seigneur, lavez-moi de mes iniquités cachées, et faites grâce de celles des autres à votre serviteur.

Si les miennes ne me surmontent pas, comme je serai sans tache, je serai alors purgé de grands crimes.

Par là vous aurez agréables les paroles de ma bouche, et les pensées de mon cœur seront toujours bien reçues devant vous.

Seigneur, vous êtes mon espérance et mon Rédempteur. Gloire soit, etc.

PSAUME 53.

La terre est au Seigneur, et tout ce qu'elle contient, et toutes les créatures qui l'habitent.

Il a établi sur les mers le fondement de la terre, et il l'a rendue habitable, en donnant des bornes à ses rivières.

Qui montera en la montagne du Seigneur ? ou qui habitera en son sanctuaire ?

Celui qui a les mains et le cœur purs, qui ne vit point dans la vanité, et qui ne nuit point à autrui par ses sermens.

Celui-là recevra les bénédictions du Seigneur, et la miséricorde de Dieu, son Sauveur.

Tels sont ceux qui cherchent à paraître devant le Dieu de Jacob.

Ouvrez-vous donc, grandes portes, et vous aussi, portes éternelles du ciel, puisque le Roi de gloire veut entrer.

Quel est ce Roi de gloire ? C'est le Seigneur grand et puissant ; c'est le Seigneur si redoutable dans les combats.

Ouvrez-vous donc, grandes portes, et vous aussi, portes éternelles du ciel, puisque le Roi de gloire veut entrer.

Mais enfin, quel est ce Roi de gloire?
Le Seigneur des armées est ce Roi tout
environné de gloire. Gloire soit, etc.

Psaume 44.

Mon cœur m'inspire un bon propos, de composer cet ouvrage à la
gloire du Roi.

Ma langue imitera la légéreté de
la main d'un habile écrivain.

Vous surpassez toutes les beautés
des hommes : les grâces sont répan-
dues sur vos lèvres : c'est pourquoi
Dieu vous a béni de toute éternité.

Mais, ô puissant Roi, mettez votre
épée à votre côté.

Et tout éclatant de gloire, tendez
votre arc, marchez en assurance,
vous régnerez.

A cause de la vérité, de la man-
suétude et de la justice, votre bras
fera réussir toutes vos entreprises,
par des exploits inouis.

Car la pointe de vos dards percera

le cœur de vos ennemis, et rangera tous les peuples sous votre obéissance.

Mon Dieu, votre trône est éternel; et votre sceptre est un sceptre d'une conduite bien douce.

Vous avez aimé toujours la justice, et vous avez eu en horreur l'iniquité : pour ce sujet Dieu vous a consacré d'une huile de liesse, plus excellente que celle qu'il a répandue sur vos associés.

La myrrhe, l'aloès et la casse font sortir une odeur agréable de vos vêtemens, que des filles de rois tirent de leurs cabinets d'ivoire pour vous faire honneur.

La reine, plus belle que toutes les autres, paraît à votre côté, vêtue d'une robe de fin or, enrichie de pierres précieuses.

Écoutez, ma fille, ouvrez les yeux et suivez mes conseils; oubliez votre peuple, et quittez la maison de votre père.

Le plus grand des Rois désire posséder vos perfections : il est le Seigneur et le Dieu que tous les peuples adorent.

Les filles de Tyr, et les peuples les plus opulens viendront implorer votre crédit, avec quantité de présens qu'ils vous feront.

Les plus grands ornemens de cette princesse ne paraissent point au dehors : sa robe est en broderie d'or parsemée de couleurs et de fleurs tissues avec l'aiguille.

Les filles de sa suite, et celles qui sont plus près de sa personne, auront l'honneur de vous être présentées.

Elles paraîtront devant vous avec allégresse, et entreront dans le palais du roi.

Au lieu de vos parens, vous aurez des enfans généreux, que vous établirez princes sur toute la terre.

Ils se souviendront toujours de vous, et laisseront à la postérité des marques de votre gloire et de votre excellence.

Pour ce sujet les peuples ne se lasseront jamais de vous louer dans la suite des siècles. Gloire soit, etc.

PSAUME 45.

Dieu est notre refuge et notre force; il nous a secourus dans les dangers et afflictions qui nous environnent de toute part.

C'est pourquoi nous n'aurons aucune crainte, quand même la terre serait tout émue, et que les montagnes iraient au fond de la mer.

Quand même les eaux seraient agitées par des tempêtes extraordinaires, et que les montagnes se renverseraient.

Le cours délicieux d'un fleuve embellit la Sainte Cité : le Très-Haut l'a sanctifiée pour en faire sa demeure.

Le Seigneur étant au milieu d'elle, elle ne sera point ébranlée : car il lui donnera secours quand elle en aura besoin.

Quand les peuples se sont bandés contre cette Cité, leurs royaumes ont été presque ruinés au premier son de la voix du Seigneur son protecteur.

Le Seigneur des armées est avec nous ; le Dieu de Jacob nous est un refuge assuré.

Venez donc, et considérez les ouvrages du Seigneur, qui fait de tels prodiges sur la terre, qu'il fait cesser les guerres jusqu'aux extrémités du monde.

Il rompt les javelots, met les armes en pièces, et jette les boucliers au feu.

Arrêtez-vous ici, dit-il, et considérez que je suis Dieu; je ferai connaître ma puissance à tous les peuples de la terre; et je serai glorifié par tout le monde.

Le Seigneur des armées est avec nous ; le Dieu de Jacob nous est un refuge assuré. Gloire soit au Père, etc.

Psaume 86.

Les fondemens de Jérusalem sont jetés sur les montagnes saintes : le Seigneur aime plus les portes de Sion, que les tabernacles de Jacob.

Cité de Dieu, on a raconté de vous des choses bien glorieuses.

J'aurai mémoire de l'Égypte et de Babylone, puisqu'ils ont connu mon nom.

Ceux qui habitent la Palestine, les Tyriens et les Éthiopiens, y seront bien venus.

Et quelqu'un dira, parlant de Sion : Un homme excellent est né dans cette Cité qui a été fondée par le Très-Haut.

Le Seigneur écrira dans ses registres les noms des peuples et des princes qui ont été assez heureux pour se trouver en icelle.

Que vous êtes une demeure agréable, Sainte Cité, puisque vos habitans sont remplis de joie et de vertu.

Gloire soit au Père, etc.

Psaume 95.

Chantez un cantique nouveau à l louange du Seigneur; récitez des hym nes à sa gloire, vous peuples de la terr

Chantez des airs en son honneur,

bénissez son saint nom; annoncez de jour en jour l'histoire de ses bienfaits.

Annoncez sa gloire parmi les nations; racontez ses merveilles à tous les peuples.

Car le Seigneur est grand, et digne d'un suprême honneur; il est lui seul plus redoutable que tous les autres dieux.

Les dieux adorés des nations, sont des démons; mais notre Dieu a fait les cieux.

Les grâces et la beauté l'environnent de toute part; la sainteté et la magnificence sont l'ornement de son sanctuaire.

Peuples et nations, apportez au Seigneur la gloire et l'honneur; rendez en son nom quantité de bénédictions.

Apportez vos offrandes dans son temple; adorez le Seigneur en son sanctuaire.

Que tout l'univers tremble devant sa face : faites savoir aux peuples que le Seigneur tient les rênes du monde.

Car il a si bien assuré les fondemens de la terre, qu'ils ne seront
jamais ébranlés ; il jugera tous les
peuples selon sa justice.

Que les cieux et la terre s'en réjouissent ; que la mer et tout ce qu'elle
enferme, en sentent des émotions
d'allégresse ; que les champs et tout ce
qu'ils contiennent soient transportés
d'une joie pareille.

Et que tous les arbres qui sont dans
les forêts se réjouissent en la présence
du Seigneur qui est venu au monde,
parce qu'il est venu pour le gouverner.

Il régira tout le monde avec justice.
et les peuples selon l'infaillibilité de
ses promesses. Gloire soit, etc.

Psaume 96.

Le Seigneur gouverne le monde ;
que toute la terre s'en réjouisse, et que
les îles de la mer soient aussi joyeuses.

Il y a des nuages et des ombres
épaisses qui nous le cachent, toute-

fois son trône est fondé sur la justice et sur l'équité.

Le feu volera devant lui, pour réduire en cendres ses ennemis qui l'environnent.

Il jettera tant d'éclairs dans le monde, qu'en étant ébloui, il tremblera de frayeur.

Les montagnes se fondront comme la cire, en la présence du Seigneur, à l'aspect du Dominateur de l'univers.

Les cieux annonceront sa justice, et il n'y aura point de peuples qui ne voient les grandeurs de sa gloire.

Que ceux-là soient donc remplis de confusion et de honte, qui espèrent en leurs faux Dieux et vaines idoles.

Adorez ce Seigneur tout-puissant, vous qui êtes ses anges : ce que Sion ayant entendu, elle s'en est réjouie.

Les filles de Juda ont témoigné leur joie en voyant que vos jugemens, Seigneur, ont exterminé l'impiété.

Parce que vous êtes le Très-Haut, qui exercez un empire absolu sur

toute la terre : vous êtes, sans com-
paraison, plus grand que tous les
Dieux des autres nations.

Vous donc qui aimez le Seigneur,
ayez le mal en horreur : le Seigneur
garde soigneusement les ames qui lui
sont consacrées, et les délivre de la
persécution des méchans.

La lumière se répand sur les justes,
et la joie sur le cœur des gens de bien.

Réjouissez-vous au Seigneur, vous
tous qui êtes justes, et le remerciez
des bienfaits que vous en avez reçus.

Gloire soit au Père, etc.

Psaume 97.

Chantez un cantique nouveau à la
louange du Seigneur : car il a fait des
choses admirables.

Il a établi le salut par sa puissance,
et par la force de son saint bras.

Le Seigneur a fait connaître l'excellence de notre rédemption, et a
signalé sa justice parmi les peuples.

Il s'est rappelé de sa miséricorde, et de ses promesses envers la maison d'Israel.

Par toute la terre on ne peut douter que notre Dieu n'ait fait connaître le salut.

Composez des hymnes à la gloire de Dieu, vous peuples qui habitez l'univers.

Faites des concerts de chants et de harpe; faites résonner les trompettes et les cornets.

Réjouissez-vous en la présence du Seigneur; que la mer et tout ce qu'elle enferme, que la terre et tout ce qu'elle contient s'en réjouissent pareillement.

Que les fleuves applaudissent en la présence de ce Seigneur; que les montagnes lui témoignent aussi leur joie, puisqu'il est venu juger la terre avec justice.

Il régira tout le monde avec justice, et les peuples selon l'équité.

Gloire soit au Père, etc.

ABSOLUTION.

Que par les prières et par les mérites de la bienheureuse Marie toujours vierge, et de tous les Saints et Saintes, il plaise à Notre-Seigneur nous conduire au royaume des cieux. ℟. Ainsi soit-il.

LEÇON I.

En toutes choses j'ai cherché mon repos, mais enfin, je demeurerai dans l'héritage du Seigneur. J'achevais ce propos, quand le Créateur du monde, celui même qui est l'auteur de mon être, et qui a reposé dans mon tabernacle, me fit l'honneur de me commander, en me disant : Habite en la maison de Jacob, et prends tes héritages en Israel, jetant des racines profondes entre mes élus. Mais vous, Seigneur, ayez pitié de nous.

℟. Rendons grâces à Dieu.

LEÇON II.

Ainsi j'ai fait mon séjour en Sion; je me suis pareillement reposé en la sainte cité, et j'ai établi ma puissance en Jérusalem, poussant par ce moyen, des racines profondes entre un peuple comblé de bénédictions célestes ; lequel a son héritage en la part de Dieu ; et entre la multitude des Saints sera ma demeure à jamais. Mais vous, Seigneur, ayez pitié de nous. ℟. Rendons grâces à Dieu.

Leçon III.

J'ai été élevé comme le cèdre au Liban, et comme le cyprès en la montagne de Sion. J'ai été élevé comme les palmes de Cadès, ou comme les rosiers de Jéricho, comme la belle olive dans la campagne, et comme le peuplier qui s'éloigne de son tronc auprès des eaux, le long des grands chemins. J'ai répandu une odeur comme de la canelle et du beaume aromatique ; ni plus ni moins que la myrrhe choisie ; j'ai fait sentir la douceur de mes parfums. Mais vous, Seigneur, ayez pitié de nous. ℟. Rendons grâces à Dieu.

HYMNE

De St. Ambroise et de St. Augustin.

Nous vous louons, ô mon Dieu, nous vous reconnaissons pour notre Seigneur.

Vous, Père éternel, que toute la terre adore.

Tous les anges, les cieux, les puissances vous adorent.

Les chérubins et les séraphins vous proclament incessamment par ses chants :

Saint, Saint, Saint est le Seigneur Dieu des armées.

Les cieux et la terre sont remplis de la grandeur de votre gloire.

Le cœur glorieux des Apôtres,

La vénérable multitude des Prophètes,

La brillante armée des martyrs, célèbrent vos louanges.

L'Église sainte vous reconnaît pour son Dieu par toute la terre.

Le Père Éternel, qui est d'une grandeur incompréhensible.

Elle adore votre Fils unique et véritable.

Et le Saint-Esprit consolateur.

Vous, Christ, qui êtes le Roi de gloire.

Vous qui êtes le Fils éternel du père.

Vous qui, pour délivrer l'homme, n'avez pas dédaigné naître d'une Vierge.

Ayant brisé l'aiguillon de la mort, avez ouvert aux fidèles le royaume des Cieux.

Vous qui êtes assis à la droite de Dieu, en la gloire du Père.

Et qui devez venir nous juger.

Nous vous supplions donc de secourir vos serviteurs, que vous avez rachetés de votre précieux sang.

Faites que nous soyons comptés dans la gloire au nombre de vos Saints.

Sauvez votre peuple, Seigneur, et comblez votre héritage de bénédictions.

Conduisez-le et élevez-le jusques dans l'éternité.

Nous vous bénissons tous les jours.

Nous louons sans cesse votre nom, et nous le louerons à jamais.

6

Daignez, Seigneur, nous préserver en ce jour de tout péché.

Ayez pitié de nous, Seigneur, ayez pitié de nous.

Répandez sur nous votre miséricorde : selon que nous avons espéré en vous.

J'ai espéré en vous, Seigneur, je ne tomberai jamais en confusion.

A LAUDES.

Mon Dieu, venez à mon aide, Seigneur, hâtez-vous de me secourir. Gloire soit, etc.

PSAUME 92.

Le Seigneur a régné, et il s'est revêtu de sa magnificence : le Seigneur s'est ceint et s'est revêtu de sa force.

Car, il a tellement affermi le monde, qu'il ne sera jamais ébranlé.

Votre trône a été préparé dès-lors, Seigneur, et vous êtes de toute éternité.

Les fleuves se sont élevés, Seigneur, les fleuves se sont élevés avec bruit.

Les fleuves ont élevé leurs flots, les eaux se sont fait entendre.

Si les vagues de la mer sont admirables, le Seigneur l'est aussi par sa grandeur.

Vos témoignages, Seigneur, sont indubitables ; et la sainteté de votre église se conservera jusqu'à la fin des temps.

Gloire soit au Père, etc.

Psaume 99.

Que toute la Terre se réjouisse en Dieu ; servez le Seigneur avec joie.

Mettez-vous en sa présence, avec de grands témoignages de joie.

Apprenez que le Seigneur est le Dieu qui nous a faits, et que nous ne nous sommes pas faits de nous-mêmes.

Nous sommes son peuple et les brebis de sa bergerie : entrez dans son Temple, en chantant des actions de grâce.

Louez son nom, car le Seigneur est bon ; sa miséricorde est éternelle, et sa vie durera à jamais. Gloire soit au Père, etc.

Psaume 62.

O Dieu ! qui êtes mon Dieu, je vous invoque dès le point du jour.

Mon ame soupire après vous ; ma chair souhaite ardemment de vous posséder.

Dans une terre déserte, dépourvue d'eau et de chemin, je vous contemple comme dans un sanctuaire, pour découvrir votre puissance et votre gloire.

Mes lèvres vous loueront, parce que vous êtes miséricordieux.

Ainsi je vous bénirai toute ma vie, et j'éleverai mes mains pour vous invoquer.

Mon ame sera remplie d'un suc exquis : mes lèvres vous témoigneront ma joie.

Si, étant sur mon lit, je me suis souvenu de vous, j'éleverai mon cœur vers vous dès le matin, car vous m'avez protégé.

Et je m'égaierai à l'ombre de vos ailes ; mon ame soupire après vous : votre main m'a reçu sous sa sauve-garde.

Mais ceux qui ont tâché à me perdre, seront engloutis sous terre ; ils périront par l'épée, et seront la proie des renards.

Mais le Roi se réjouira en Dieu ; ses serviteurs fidèles seront honorés ; car il a fermé la bouche des médisans. Gloire, etc.

PSAUME 66.

Que Dieu nous pardonne et nous bénisse : que les rayons de son visage nous éclairent, et qu'il ait pitié de nous.

Afin que vos voies nous soient connues sur la terre, et aux infidèles le salut que vous avez promis au monde.

O Dieu! que tous les peuples vous louent, et célèbrent votre saint nom.

Que les nations se réjouissent, de ce que vous jugez les hommes avec équité, parce que vous conduisez les nations sur la terre.

Mon Dieu, que tous les peuples vous révèrent; soyez glorifié par tout le monde: la terre a produit des fruits en abondance.

Que Dieu, notre Dieu, nous donne sa bénédiction, et que tous les habitans de la terre le craignent. Gloire soit, etc.

CANTIQUE

Des trois Enfans dans la fournaise.

Vous tous qui êtes les ouvrages du Seigneur, louez-le, et révélez sa souveraine grandeur dans tous les siècles.

Anges divins, et vous, Cieux, bénissez le Seigneur.

Eaux qui êtes au-dessus des airs, et vous, vertus de Dieu, bénissez le Seigneur.

Soleil et lune, et vous étoiles du firmament, bénissez le Seigneur.

Pluies et rosées, et vous, vents qui excitez les tempêtes, bénissez le Seigneur.

Feux et chaleurs de l'été, et vous, froidures et rigueurs de l'hiver, bénissez le Seigneur.

Brouillards, bruines, gelées et frimats, bénissez le Seigneur.

Glaces, neiges, et vous, jours et nuits, bénissez le Seigneur.

Lumières et ténèbres, et vous, éclairs et nuages, bénissez le Seigneur.

Que la terre bénisse le Seigneur; qu'elle chante ses louanges et sa gloire à jamais.

Montagnes, collines, herbes et plantes qui germez en terre, bénissez le Seigneur.

Fontaines, mers et rivières, bénissez le Seigneur.

Baleines, et vous tous, habitans des eaux et des airs, bénissez le Seigneur.

Bêtes domestiques et sauvages, et vous,

enfans des hommes , bénissez le Seigneur.

Qu'Israel bénisse le Seigneur , qu'il célèbre ses louanges et sa gloire à jamais.

Prêtres et serviteurs , bénissez-le incessamment.

Esprits et ames des justes , et vous , Saints et humbles de cœur , bénissez le Seigneur.

Ananie , Azarie et Misael , bénissez le Seigneur : chantez ses louanges , et exaltez sa gloire à jamais.

Bénissons le Père , le Fils et le Saint-Esprit : chantez ses louanges , et exaltez sa gloire à jamais.

Seigneur , vous êtes béni dans les Cieux : vous êtes digne d'être loué et honoré éternellement.

PSAUME 148.

Vous , purs Esprits , qui êtes dans les Cieux , chantez les louanges du Seigneur , louez-le dans les lieux très-hauts.

Anges du Seigneur , louez-le tous : vertus du Seigneur , célébrez ses gloires.

Vous , soleil et lune , louez-le ; étoiles et lumière , louez-le tous ensemble.

Les Cieux des Cieux , et les eaux qui sont au-dessus du firmament , louent le Seigneur.

Car il a parlé , et tout a été fait ; il a commandé , toutes choses ont été créées.

Il les a établies pour toujours ; il leur a prescrit une loi irrévocable.

Louez le Seigneur, toutes créatures de la terre, et vous, monstres des abymes.

Que le feu, la grêle, la neige, la glace et les vents impétueux exécutent ses ordres.

Les montagnes, les collines, les arbres portant fruit et les cèdres.

Les bêtes sauvages et les animaux domestiques, les serpens et les oiseaux de l'air.

Les rois de la terre, tous les peuples, les princes et tous les juges de la terre.

Les garçons et les filles, les vieillards et les enfans louent le Seigneur; car il est seul digne de louange et de gloire.

Le Ciel et la terre le reconnaissent; il a délivré son peuple, et l'a fait triompher.

Que la bouche des Saints le glorifient, aussi-bien que celles des enfans d'Israel.

Gloire soit au Père, au Fils, etc.

Comme elle sera toujours aux siècles des siècles. Ainsi soit-il.

PRIÈRE QUAND IL TONNE.

✝ *Christus regnat.*	Jésus-Christ règne.
✝ *Christus imperat.*	Jésus-Christ commande.
✝ *Christus vincit.*	Jésus-Christ vainc.

O mon Dieu, qui êtes notre force, notre appui, notre protecteur et notre libérateur; source éternelle et inépuisable de miséricordes et d'indulgences, formez vous-même dans nos cœurs effrayés, les pensées que nous devons avoir de votre Divinité, les prières que nous devons vous adresser, et faites-nous connaître quelles œuvres vous sont agréables pour fléchir votre justice irritée. Pendant que la voix du tonnerre nous pénètre jusqu'au fond de l'ame, que ces tempêtes extérieures qui s'élèvent dans les airs, servent à calmer les orages intérieurs de nos passions ; faites, Seigneur que les menaces de votre puissance servent de matière à vos louanges ; qu'elles produisent en nous une crainte salutaire, et que nous ressentions la bonté de celui dont nous avons redouté la colère. Ainsi soit-il.

Jésus, ayez pitié de nous.

Sainte-Vierge, intercédez pour nous.

Saint N. mon patron, priez pour nous.

Ste.-Anne et St.-Joseph, priez pour nous.

PRIÈRE A NOTRE-DAME DE MONTSERRAT,

Pour en obtenir toutes sortes de consolations.

Notre-Dame de Monserrat, que votre miséricorde est douce et votre charité libérale envers tous ceux qui invoquent votre saint non ! Mère d'amour, guérissez toutes mes infirmités, tant spirituelles que corporelles ; faites cesser la douleur et l'amertume de mon cœur ; du haut de votre gloire, souvenez-vous de moi, Reine des Reines ; jai mis mon espérance en vous. Vous êtes notre lumière dans nos doutes, notre consolation dans nos misères, et notre refuge dans nos tentations. Je vous recommande mon corps et mon ame. Instruisez-moi, protégez-moi à chaque heure et à chaque moment de la vie. Ainsi soit-il.

CONDUITE

POUR LA BIENSÉANCE CIVILE ET CHRÉTIENNE.

Conduite pour le lever et le coucher.

1. Aussitôt que vous êtes éveillé, levez-vous promptement, et habillez-vous avec tant de circonspection qu'aucune partie de votre corps ne paraisse nue. Si quelque personne se trouve dans votre chambre, ayez soin de vous couvrir avec la modestie convenable. Si vous êtes seul, soyez encore modeste; n'oubliez pas que l'œil de Dieu pénètre partout.

2. La bienséance demande qu'on fasse son lit avant de sortir de sa chambre; ou qu'au moins on le recouvre honnêtement, et de telle manière qu'il paraisse comme s'il était fait.

3. Il ne faut pas laisser les linges de nuit sur quelque siége; mais il faut les plier et les serrer dans le lieu où l'on a coutume de les mettre.

4. Après votre lever, quand vous avez pourvu à tout ce que la décence et la propreté exigent, faites la prière du matin, à genoux, les mains jointes, les yeux baissés, avec attention et recueillement. Les enfans ne doivent pas aller se coucher qu'ils n'aient été auparavant saluer leur père et leur mère, et qu'ils ne leur aient souhaité le bon soir.

5. Comme on doit se lever avec beaucoup de modestie, on doit aussi se coucher d'une manière chrétienne. Quand vous vous mettez au lit, occupez-vous de quelque pensée pieuse; prenez alors de l'eau bénite, faites-en aspersion sur votre lit, et faites le signe de la croix.

6. Il n'est pas honnête de parler lorsqu'on est couché, le lit n'étant fait que pour se reposer

Aussitôt qu'on y est, il faut se disposer à dormir après avoir recommandé son ame à Dieu, à l Sainte Vierge, à l'Ange gardien, et au Saint don on porte le nom.

7. Si vous vous éveillez la nuit, faites quelque courte prière.

Manière de se comporter dans l'Église.

1. N'entrez pas dans l'Église comme dans un lieu indifférent ; souvenez-vous que c'est la maison de Dieu. Quand vous en approchez, commencez à vous recueillir : gardez-vous bien d'y entrer d'une manière évaporée, en riant ou en parlant.

2. S'il y a grande foule à la porte, attendez un peu de temps, sans vous presser, plutôt que de commettre quelque irrévérence.

Découvrez-vous avant que d'entrer, et prenez dévotement de l'eau bénite ; faites le signe de la croix, sans précipitation.

3. Il n'est jamais permis de parler dans l'Église, sans une véritable nécessité ; c'est une grande immodestie de tourner le dos à l'autel pour regarder ce qu'on fait à la porte.

4. Il faut écouter attentivement la parole de Dieu, et éviter absolument de dormir pendant le sermon ou le prône. Il ne convient pas de cracher et de se moucher pendant le discours, ni de se lever sur ses pieds ou sur sa chaise pour considérer l'auditoire.

5. Quand vous êtes en prière, évitez de tourner la tête à droite et à gauche ; mais ayez un maintien qui annonce que vous êtes en présence de Dieu, devant lequel vous ne sauriez être avec assez de respect et d'humilité.

6. Il faut bien se garder, lorsqu'on est à genoux, de croiser ses pieds : on ne doit pas non plus les serrer ni les trop écarter. Il ne convient pas alors

de s'asseoir sur ses talons ; c'est une irrévérence envers Dieu et envers les hommes.

7. Il ne convient pas de sortir de l'Église avant que le prêtre qui a célébré la messe soit entré dans la Sacristie ; et si c'est après vêpres, avant que l'office soit entièrement terminé.

N'oubliez pas en sortant de prendre encore de l'eau bénite, et de faire le signe de la croix dévotement.

Conduite des enfans envers leurs parens.

1. Montrez votre soumission à vos parens, pa une prompte obéissance, en faisant de bon cœu et avec joie ce qu'ils vous commandent. Ne mur murez jamais ; gardez-vous de leur résister : vou seriez bien coupables.

2. Si vos pères et mères sont malades, soignez les selon votre âge et vos moyens, par les soin les plus assidus. Les parens tiennent sur la terr la place de Dieu à l'égard des enfans.

3. Si l'esprit de votre père s'affaiblit, sachez l supporter, et n'allez pas, fier de l'avantage de votr raison, le traiter avec moins de respect ; car l charité dont on use envers son père ne sera pa mise en oubli.

Vous serez également récompensé pour avoi supporté les défauts de votre mère.

CHRÉTIEN,

Souviens-toi que tu as aujourd'hui,

Dieu à glorifier, Jésus-Christs à imiter, tous les Anges honorer ; la Vierge et les Saints à prier, une ame à sauve un corps à mortifier, des péchés à expier, un paradis gagner, un enfer à éviter, un éternité à méditer, un temp à ménager, un prochain à édifier, un monde à appréhende des démons à combattre, des passions à abattre, peut-êt la mort à souffrir, et le jugement à subir.

LES MAXIMES
DE LA SAGESSE.

Rendez au Créateur tout ce qu'on doit lui rendre.
Réfléchissez avant que de rien entreprendre.
N'ayez société qu'avec d'honnêtes gens.
Ne vous enflez jamais de vos heureux talens.
Conformez-vous toujours aux sentimens des autres ;
Cédez modestement si l'on combat les vôtres.
Donnez attention à tout ce qu'on vous dit,
Et n'affectez jamais d'avoir beaucoup d'esprit.
N'entretenez personne au-delà de sa sphère,
Et dans tous vos discours soyez toujours sincère.
Tenez votre parole inviolablement ;
Mais ne promettez pas inconsidérément.
Soyez officieux, complaisant, doux, affable,
Et vous montrez toujours d'un abord favorable.
Sans être familier, ayez un air aisé ;
Ne décidez de rien qu'après l'avoir pesé.
Aimez sans intérêt, pardonnez sans faiblesse ;
Soyez soumis aux grands sans aucune bassesse.
Cultivez avec soin l'amitié d'un chacun :
A l'égard des procès, n'en intentez aucun.
Ne vous informez point des affaires des autres ;
Avec attention attachez-vous aux vôtres.
Prêtez sans intérêt, mais toujours prudemment.
S'il faut récompenser, faites-le noblement ;
Et de quelque façon que vous vouliez paraître,

Que ce soit sans excès, et sans vous méconnaître.
Compatissez partout aux disgrâces d'autrui ;
Supportez ses défauts, soyez fidèle ami.
Surmontez les chagrins où l'esprit s'abandonne,
Sans les faire jamais réjaillir sur personne.
Où la discorde règne apportez-y la paix ;
Et ne vous vengez point qu'à force de bienfaits.
Reprenez sans aigreur, louez sans flatterie.
Riez honnêtement, entendez raillerie.
Estimez un chacun dans sa profession :
Et ne critiquez rien par ostentation.
Ne soyez point ingrat ; payez toutes vos dettes ;
Sans jamais reprocher le plaisir que vous faites.
Prévenez les besoins d'un ami malheureux ;
Sans prodigalité, montrez-vous généreux.
Modérez les transports d'une bile naissante :
Ne parlez jamais mal de la personne absente.
Ménagez votre bien et vivez sobrement ;
Ne vous fatiguez point sur le Gouvernement.
Au jeu, que l'intérêt jamais ne vous domine ;
Dans la perte ou le gain, suivez la loi divine.
Toujours dans vos discours, modeste, retenu,
Que rien sur vos devoirs ne vous soit inconnu.
Parlez peu, pensez bien, et ne trompez personne ;
Et faites toujours cas de tout ce qu'on vous donne.
Loin de tyranniser le pauvre débiteur,
De sa tranquillité soyez plutôt l'auteur.
Au bonheur du prochain ne portez point envie.
Ne divulguez jamais ce que l'on vous confie.
Gardez votre secret ; ne vous vantez de rien :
Voilà tout le portrait du sage et du chrétien.

COMPLIMENS POUR LE JOUR DE L'AN.

A UN PÈRE ou A UNE MÈRE.

Tout change, et des mortels c'est la commune loi ;
Un an succède à l'autre et le Temps sur ses ailes,
Est le porteur léger de cent choses nouvelles :
Il en est trois pourtant, et trois de bon aloi,
Qui ne connaissent point cette vicissitude ;
Du Destin et du Temps elles bravent les coups,
Et sont, j'ose le dire, j'en ai la certitude,
Vos vertus, votre cœur, et mon amour pour vous.

A UN PÈRE.

Au nouvel an s'étrenner c'est l'usage ;
   Mais c'est toujours même langage,
   Mille souhaits si rebattus,
   Des embrassades tant et plus,
   Des complimens bien peu sincères,
   Auxquels aussi l'on ne croit guères.
   Pour moi j'ignore ces détours ;
   Conviennent-ils à l'innocence ?
Feindre n'est pas le propre de l'enfance,
Et la candeur l'accompagne toujours ;
   Aussi c'est elle qui m'inspire
Les vœux ardens que je forme pour vous.
   O mon père ! accepte-les tous ;
C'est m'étrenner comme je le désire.

A UNE MÈRE.

L'usage est respectable, et de sa tyrannie
   La sagesse observe les lois ;
Mais ce n'est point à lui qu'ici je sacrifie,
Ma mère ; c'est mon cœur qui fait parler ma voix.
   Je n'ai pas besoin de l'époque
   Où l'année entame son cours
Pour demander aux dieux de prolonger vos jours ;
Ma mère, à tout moment pour vous je les invoque :
   S'ils favorisaient les désirs
Que pour votre bonheur mon amour leur exposé,
Vous auriez à la fois par eux tous les plaisirs,
   Et j'y serais pour quelque chose.

TABLE

DES CHIFFRES ARABES ET ROMAINS.

ARABE.		ROMAIN.
1	Un	I.
2	Deux	II.
3	Trois	III.
4	Quatre	IV.
5	Cinq	V.
6	Six	VI.
7	Sept	VII.
8	Huit	VIII.
9	Neuf	IX.
10	Dix	X.
11	Onze	XI.
12	Douze	XII.
13	Treize	XIII.
14	Quatorze	XIV.
15	Quinze	XV.
16	Seize	XVI.
17	Dix-sept	XVII.
18	Dix-huit	XVIII.
19	Dix-neuf	XIX.
20	Vingt	XX.
30	Trente	XXX.
40	Quarante	XL.
50	Cinquante	L.

60	Soixante	LX.
70	Soixante-dix	LXX.
80	Quatre-vingts	LXXX.
90	Quatre-vingt-dix	XC.
100	Cent	C.
110	Cent dix	CX.
120	Cent vingt	CXX.
130	Cent trente	CXXX.
140	Cent quarante	CXL.
150	Cent cinquante	CL.
160	Cent soixante	CLX.
170	Cent soixante-dix	CLXX.
180	Cent quatre-vingts	CLXXX.
190	Cent quatre-vingt-dix	CXC.
200	Deux cents	CC.
300	Trois cents	CCC.
400	Quatre cents	CCCC *ou* CD.
500	Cinq cents	D.
1000	Mille	M *ou* CIↃ.

PETITE TABLE DE MULTIPLICATION.

2...fois... 2...font... 4	2...fois...12...font... 24
2......... 3......... 6	3......... 3......... 9
2......... 4......... 8	4......... 4......... 16
2......... 5......... 10	5......... 5......... 25
2......... 6......... 12	6......... 6......... 36
2......... 7......... 14	7......... 7......... 49
2......... 8......... 16	8......... 8......... 64
2......... 9......... 18	9......... 9......... 81
2.........10......... 20	10.........10.........100
2.........11......... 22	11.........11.........121

FIN.

ALPHABET

SYLLABIQUE

Français.